JN058812

トーコーキッチンへようこそ！

日本一「味どう？」と聞いている不動産屋の話

東郊住宅社
池田峰

虹有社

はじめに

　初めまして。東郊住宅社の池田と申します。神奈川県相模原市の淵野辺という小さなまちにある、小さな不動産屋の二代目です。10年ほど前に、家業を継ぐべく、広告業界から不動産業界に飛び込みました。

　東郊住宅社はいわゆる「まちの不動産屋」です。ただ少し違うのは、入居者サービスとして、管理する賃貸物件1800室の入居者に向けた特別な食堂を運営しているところでしょうか。そう、不動産屋が食堂運営です。

　でもこれは、不慣れな業界で家業を継ぐことになった二代目が苦肉の策として奇をてらったわけではなく、継ぐに際して目の前にあった問題を解決するための手段としてたどり着いた最適解が食堂運営だったのです。

「不動産屋が入居者のために食堂？」当初は突飛に思われがちでした。

しかし、「不動産屋」と「食堂」の組み合わせの妙は次第に業界の枠を超えて伝わり、行政機関、自治体、鉄道会社、銀行、研究者、建築家、デザイナー、マーケター、経営者、後継者といったそれぞれの立場で、コミュニティ、コミュニケーション、まちづくり、地域経済、地方創生、高齢社会対策、ＳＤＧｓ、デザイン、企画開発、顧客開拓、事業承継などにかかわる方々が全国から発想の種を求めて食堂見学に訪れてくるようになりました。

小さなまちの小さな不動産屋が小さな食堂を運営しているだけなのに、こんなにも多様な人々に求められているのはどうしてなのでしょう？

この本には、異業界で家業を継ぐこととなった僕が業界初（？）と称される入居者向け食堂サービス、トーコーキッチンをどのように発想し、推し進めてきたかが記されています。前半はエピソードを交えながらその世界観を、後半は僕の思考過程とともにその構造と仕組みをお伝えします。

トーコーキッチンのある世界へようこそ。
あなたにとっての発想の種が見つかりますように！

第1部

トーコーキッチンの日々

いつものトーコーキッチン

ストーリー❶ みんなの日常、みんなの居場所

商店街がまだ眠る朝8時。

「おはよー。今朝はどうしたの。早くない？」

トーコーキッチンの一日があいさつとともに始まります。

トーコーキッチンはJR横浜線淵野辺（ふちのべ）駅にある商店街の一角にたたずむ、小さな食堂。声をかけたのは食堂のスタッフ、声をかけられたのは賃貸物件に暮らす入居者です。

……ん？　入居者？

「今日は一段と花粉すごいみたいよ」

「暑くなりそうだから、熱中症に気を付けて」

「おー！　これから就活？　頑張ってね」

「今晩は冷えるから暖かくしてね」


この食堂を運営しているのは、まちの小さな不動産屋である僕たち東郊住宅社。淵野辺駅周辺エリアを中心に１８００室の賃貸物件の管理や仲介を行っています。そして、その東郊住宅社が管理する賃貸物件に住む全入居者のために誕生した食堂がトーコーキッチン。そう、ちょっぴり変わった食堂、「入居者向け」の食堂なのです。


「風邪はもうよくなったの？」

「あれれ、ピカピカの1年生じゃん！」

「えーっ、すっかりお腹大きくなっちゃって」

「Is everything fine?」

淵野辺駅周辺には複数の大学が校舎を構えています。そのため、一人暮らしの学生に適した物件を多く取り扱っているのですが、もちろん家族世帯に適した物件や事業用の物件もあります。食堂の利用者となる入居者も学生に限らず、年齢だって、職業だって、家族構成だって、国籍だって、何もかもがさまざまです。

子どもにごはんを食べさせる母親、週末にみんなで食事に来る家族、定期テストの勉強をする高校生、友だちと談笑する学生、練習後の空腹を満たしに来る運動部員、国家試験に向けて難しい本を開く獣医学生、取引先と打ち合わせをするテナントなど、つぶさに挙げたらキリがないほど、みんなが思い思いのまま、トーコーキッチンで日常のひとときを過ごしています。

食堂スタッフには、店内では不動産屋と入居者、食堂スタッフと利用者という関係ではなく、人対人、一対一の人間同士として接してくださいね、とお願いしています。余談ですが、トーコーキッチンが掲げる理想の挨拶は「髪切った？」です。髪を切ったことに気が付けるくらいの頻度と、それを言っても相手が嫌な気持ちにならない心の距離感でいつもコミュニケーションを積み重ねていこうね、という思いを込めているのです。

一方、これは意外に思うかもしれませんが、店内で入居者同士がコミュニケーションをとっている光景を目にすることはほとんどありません。どうやらトーコーキッチンでは、それぞれの利用者が、それぞれの望むスタンスで、それぞれの日常を送るほうが心地よいようです。そして僕たちも、そんなみんなが心地よいと思う日常を守ることをとても大切にしています。

日頃、トーコーキッチンを利用しているのは、おそらく入居者全体の3割程度ではないかと感じています。でも、その3割が「超」がつくほどのリピーターということになると、僕たちと入居者は自然と日常をともに積み重ねていくことになります。そしてそれは、人生のいろいろな瞬間に立ち会うことも意味しています。

2015年12月27日にオープンしたトーコーキッチン。その開店時刻前から並んで利用者第一号になってくれたMさんは、間もなく傘寿を迎えるというのにもかかわらず、まだ現役バリバリの肉体労働をしています。現場にはお手製弁当を欠かさず持参しているというので労をねぎらうと、「前日に夕飯をたんまり作っておいてさぁ、それを弁当のおかずに充てるんだよ。賢いだろぉ〜」と、なんとも得意げな様子です。それもそうかもしれません。数年前に奥さんを亡くした彼は、今や一人住まいのやもめとなり、自炊を余儀なくされているのですから。

Mさんは今でもほぼ毎日トーコーキッチンに来てくれる超常連さん。逆に来ない日が続くと心配になるくらいです。そんな彼がある日こんなことを言ったのです。

「池田くんさぁ、なんか最近豚汁の味薄くなってない？」

だから、僕はこう答えたのです。

「いやいやいや、ここの料理は塩分計でしっかりチェックしているから！　もし薄いと感じるようなら、普段の料理が味濃くなっている証拠だから気を付けたほうがいいよ！」

同じ釜の飯を食う

（日本のことわざ）

ストーリー❷

不動産屋ができることってなんだろう

世の中がいつもの顔になる午前9時。

「いってらっしゃい。今日も気を付けてね！」

トーコーキッチンから見送りの声が多く聞こえる時間帯です。

入れ替わるように、やっとこの時間からちょっと一息つける常連さんがいます。子どもを保育園に送り届けてから自分が仕事に向かうまでの、わずかだけれども、大切な大切な一人の時間をトーコーキッチンで過ごしてくれているTさんです。

トーコーキッチンで朝食を食べ、コーヒーを飲みながらのスマホ時間。自分を立て直します。ときには、電卓をはじいて家計簿の入力をしている姿も。きっと家族の誰よりも早く起きて、みんなの朝の準備を整えて、着替えさせて、ごはんを食べさせて、家から送り出して、ごみを捨てて、子どもを送り届けてからの、トーコーキッチン。自分の朝ごはんは後回し。

働くお母さんの一日は目覚めから全力です。

こんなことがありました。ある日、近隣の保育園からトーコーキッチンの朝食を卸してほしいとの依頼が入ったのです。聞けば、朝食を摂らずに登園する子どもが増えているので、園として何かできることはないかと考えたそうです。ただ、自園調理で対応するにもいきなりでは難しいため、トーコーキッチンに白羽の矢が立ったというわけです。トーコーキッチンの食事は冷凍食品やレトルト食品を使わない、すべて手作りの料理だということも、その依頼に至った理由だったのでしょう。

幸か不幸か、好評を博した保育園での朝食提供サービス。提供開始から約1年、保育園が自園調理の態勢が整うまでの間、「不動産屋が保育園に朝食の仕出しをする」という間違い探しの文章のような珍しいサービスが展開されていたのでした。

また、ある日の昼下がりにはこんなこともありました。トーコーキッチンを訪れると店頭に何台ものベビーカーがずらりと並んでいるじゃありませんか。壮観です。店内を覗いてみると、テーブルを囲む満開の笑顔、笑顔、笑顔。みなさん、もれなく楽しげなご様子です。どのようなお集まりですかと恐る恐る（？）聞いてみたところ、ママ友の集まりとのこと。

店内が落ち着きをみせる、ちょうどこの昼下がりの時間帯がみなさんの都合が一番よいとのことで、その後も定期的に利用してくれていました。また一つ、トーコーキッチンのうれしい活用法に遭遇した出来事でした。

そもそも、入居者向け食堂トーコーキッチンを着想したきっかけは、新生活を始める大学生のご家族から聞こえてきた食事への心配の声でした。それを不動産屋である僕たちが管理する賃貸物件の入居者サービスとして解決する方法はないか、そんなふうに考え始めたのです。しかし、そう考えながら改めて入居者の顔に思いを馳せてみると、新たな気付きがありました。

「そういえば、ここ数年、シングルマザーからのお問い合わせが増えているな。それに、これだけ夫婦共働きが当たり前の時代なんだから、働く女性自体が増えているということだよな」

もし僕が働きながら家事を担うことになったとしたら……。それがどれだけ大変なことか、いともたやすく想像できます。まして、そこに育児が加わり、仕事・家事・育児のすべてを一人きりで担うとなると、あまりにも大変です。

「夫婦の在り方も、家族の在り方も、働き方もさまざま。だったら、その暮らしの場となる住まいに携わっている僕たちだからこそ、何か役に立てることはないのかな？　もし入居者が気軽に利用できる食堂があったら、学生だけでなく、働く女性にも喜んでもらえるかな？食堂という空間があったら、自室以外で自由に使える第三の場所として有効活用してもらえるかな？」

そのとき僕はこんな光景を思い描いていたのです。

例えば、保育園のお迎え帰りの母と子。

「今日さぁ、ママ疲れちゃった。夕ごはんはトーコーキッチンにしない？」

例えば、夫婦。

「今日は早く上がれるから、トーコーキッチンで待ち合わせね」

例えば、家族。

「えーっ、また今日もトーコーキッチンなのー？」

「仕方ないでしょ、不動産屋が勝手に食堂作っちゃったんだから！」

なんてことを言いながら、気軽に立ち寄ってもらえたらうれしいな。この思いが、トーコーキッチンを実現に向けて加速させていったのです。

よい料理人は幸せを分配する魔女のようなものだ
（エルザ・スキャパレッリ）

ストーリー❸

きっかけは「食」

一人暮らしの学生だけでなく、高齢の単身入居者、そして働く女性にも入居者向け食堂を喜んでもらえるかもしれない。そんな思いから実現に向けて加速しだしたトーコーキッチン。しかし、同様に食堂という入居者サービスが暮らしの一助となり得る入居者の存在がまだまだあったのです。恥ずかしながら、僕がそのことに気が付けたのは、実際にトーコーキッチンの運営を開始させた後のことでした。

トーコーキッチンがオープンして初めて迎えた、ある夏の日のことです。昼時に小学5年生の女の子が一人でごはんを食べに来ていました。

「キッズプレートください！」

「はい、300円ね」

いつも一人きりでの来店。ペースは週3日。注文はいつも決まってキッズプレート。それが1ヶ月ちょっと続きました。

「ごちそうさまでしたー!」
「はーい、気を付けて帰ってね」

彼女は一体どうしたのでしょう。気になったので事情を聞いてみると、両親が共働きで、彼女の来店日は母親のパート出勤日にあたるといいます。朝、母親が家を出る際に、昼ごはんはトーコーキッチンで食べるようにと、あらかじめ用意された300円を渡されるのだそうです。

トーコーキッチンは僕たち東郊住宅社が管理する賃貸物件の入居者のための食堂です。自分たちで運営して、自分たちで調理しています。提供している料理はすべて手作りです。そんなところから、共働きである両親が安心して留守中の食事をさせられる場所だと判断したそうです。

後に、中学生と高校生の子を持つシングルマザーが部屋探しに来社しました。自身の帰宅が遅いときにはトーコーキッチンで食べさせたい、という理由からでした。この春、地方から出てきた単身高校生の入居理由もやはりトーコーキッチンでした。テレビで紹介されたトーコーキッチンを観たご両親の意向でした。

トーコーキッチンではオープン当初から子ども向けにメニューも食器もハイチェアも絵本も揃えていました。家族連れでの来店に向けた対応です。これであらゆる世代の入居者に向けた受け入れ態勢は万端だ。そう思っていました。でも、それはあくまでもハード面でのことだったということを、この夏休みの少女が教えてくれました。ソフト面、つまり実際に食堂を利用する可能性を持つ全入居者に寄り添うためには、まだまだできることがあると教えてくれたのです。万端などなく、今はただ気が付けていないだけで、この食堂という入居者サービスが暮らしの一助となり得る入居者の存在がまだまだあるということを。

足が悪くて杖が必要な入居者は運動も兼ねてトーコーキッチンに来てくれます。日本語がまだ不慣れな外国人入居者は日本の食事を堪能しにトーコーキッチンに来てくれます。これらはほんの一例ですが、「食堂でごはんを食べる」という一つの行動から、それぞれの入居者が今どんなお手伝いがあったらうれしいと思ってくれるのか、その一端を僕たちは知ることができます。

入居者向け食堂を運営することによって初めて垣間見られる入居者の日常と、その中で垣間見せる本当の暮らしぶり。もし契約後はトラブル発生時か退室時まで入居者とは顔を合わせない関係だったならば、母親のパート出勤日も、足の具合も、日本語の習得度も、どれも気が付けなかったことばかりです。

2年ほど前から全盲の学生が入居者となりました。引っ越してきたてのころ、食堂とその周辺の状況をつぶさに案内しながら、彼があったらうれしいと感じるお手伝いの方法を教えてもらいました。

声をかけるタイミング、好みの座席の位置、食べ物の好き嫌い、食物アレルギーの有無、配膳の仕方、食事後の対応。彼は一人暮らしをするくらいですから、当然自分で何でもできるのですが、でしゃばらないお手伝いをさせてもらいたかったのです。自室のようにとは到底いかないのは重々承知ですが、トーコーキッチンも自分の空間としてくつろいでもらえたらうれしいですから。

今では彼もすっかりトーコーキッチンの常連さんの一人。大切な超リピーターです。どうやらトーコーキッチンを気に入ってくれたようなので、不動産屋としてはほっと一安心です。

……ん？　不動産屋として？

自立への大いなる一歩は満足なる胃にあり

（ルキウス・アンナエウス・セネカ）

Kenta Hasegawa

入居者向け食堂

ストーリー❹ 入居者専用ではなく、入居者向け

暮れも押し詰まった２０１５年12月27日のことです。トーコーキッチンはＪＲ横浜線淵野辺駅前商店街の一角でひっそりと産声をあげました。その第一の目的は「管理物件入居者のみなさんに利便性と健康的な食生活を提供する」こと。僕たち東郊住宅社が管理する１８０0室の賃貸物件入居者のための特別な食堂です。

年末年始の４日間（12月30日〜１月２日）を除いて、年中無休で午前8時から午後8時まで営業しています。料金は朝の定食が１００円、昼・夜の定食が５００円。毎日、日替わり定食のメニューをＳＮＳで告知するので、それを見て「食べたかったらおいで！」という予約不要・都度払いのシステムです。

ところで、みなさんは「入居者食堂」と聞いて、どんな光景を思い浮かべますか？　きっと一つの建物内にある食堂にそこの住人が集う、寮のようなイメージですよね。でも、このトーコーキッチンはちょっと違います。淵野辺駅周辺エリアに点在する1800室の賃貸物件に住まう約3000人の入居者が、商店街の一角にある一つの小さな食堂に集うのです。

ここでもう一つ、トーコーキッチンが他の食堂とちょっと違うところがあります。それは、食堂の入口には鍵がかかっている、というところです。入店するためには、いちいち鍵を開けなければならないのです。

トーコーキッチンは入居者サービスの一環として運営する食堂です。入居者の誰もがいつでも気軽に利用できる環境を整える必要があります。そこで、入居者がそれぞれの自室に入るために普段使っているカードキーを使わないと鍵が開かないドアを設置して、入店できる人を限定する仕組みにしました。これで「入居者のための特別な食堂」が成立です。

ただ、これだけだと、どこか本質的におもしろくない。やはり排他的措置になっていると、この特別な食堂を使える権利を所有した入居者も心から楽しめないはず。入居者だけが得られる会員制的特権を保持しつつも、その周りにいる家族や友だち、もっといえば、同じ地域で暮らす人たちとも、そのおもしろさや楽しさを共有できる方法はないのかな。トーコーキッチンの構想段階でそう考えるようになりました。

もちろん、食堂利用者を入居者に限定することによる経営的な懸念もありました。そもそも食べに来る義務のない入居者約3000人のうち、一体どれくらいの人が食べに来てくれるのか皆目見当が付かず、売上予測の立て方がわからなかったのです。任意の不特定多数をとにかく多数集客する手法は思いつくものの、任意の特定少数を確実に一定数集客する手法が思いつかない。安定的な見通しが立てられる方法はないのかな。こんなことも同時に考えていました。

そこで、この二つの問題の解決策として、食堂に入るために必要なカードキーを所有する人の範囲を見直しました。約3000人の管理物件入居者に加え、約200人の管理物件オーナーと協力関係業者のみなさん、いわゆるステークホルダーをカードキー所有者としたのです。そしてそのうえで、次の特例を設定することにしました。

特例① カードキー所有者と一緒なら、何人でも何回でも利用可
特例② 最初の1回に限り、カードキー所有者同行なしで利用可

これにより、プレミア感を損ねることなく、トーコーキッチンの店内はクローズドとオープンの両マーケットがパラレルに共存する世界になったのです。さらには、たとえ店内にどれだけの人がいても、たどっていけばカードキー、すなわち僕たち東郊住宅社につながる不思議な空間になったのです。まるで東郊住宅社を起点にして緩くつながるリアルSNSのようです。

この特例を設けたことにより、トーコーキッチンでは日々さまざまな物語が次々と自然発生し、紡がれています。

「今夜、トーコーキッチン行かない？」

なんて、デートで彼女を連れて来る入居者。

「ウチの不動産屋がさぁ〜、こんな食堂やっててさぁ〜」

なんて、自慢しながら友だちを連れて来る入居者。

「お前のところの不動産屋がやってる食堂連れてってよ」

なんて、せがまれて友だちを連れて来る入居者。

「淵野辺に来たら、やっぱりトーコーキッチンでしょ！」

なんて、帰省する子どもを迎えに来た入居者家族。

「管理会社がやっているカフェがありますんで、そこで話しましょうか」

なんて、取引先との打ち合わせをするテナント。


また、トーコーキッチンは入居者に向けた特別な食堂なので、外部に向けた、いわゆる一般的な広告宣伝を一切していません。さらには、一見してどんな店かわかるような看板の類も特に設置していません。なぜなら、いずれも不要だからです。

それ故にこんなことがよくあります。

トーコーキッチンの店舗デザインが店内丸見えのガラス張りであることも手伝って、店前を行き交う人が「おっ、なんだ、この飲食店は？」といった様子で立ち止まったりするのです。なかには、ガラス越しに覗き込んだり、スマホで調べ始めてみたり。さらには、ドアを開けて入店しようとするも……。

「ガチャガチャ、ガチャガチャ、……ガチャガチャ！」

……そうなのです。トーコーキッチンの入口は鍵がかかっているのです。

当然、本書を読む前ですから、みなさんそんなことは知りません。しかし、今見えているガラス一枚向こうの店内はどう考えても営業中のそれ。みなさん、自身の経験上、営業中なのに入口に鍵がかかっていたことなんて一度もない。それだけに開かないなんてことはあり得ない。そうだ、きっとそうだ。自分の開け方が悪いに違いない！

「ガチャガチャー！　ガチャガチャーー！　ガチャガチャーーー！」

そんなときは中からドアを開けて、このようにご案内します。

「実はこの食堂は不動産屋が運営している入居者向け食堂なんです。でも、初めての方はどなたでもご利用いただけますので、よろしかったらどうぞ。朝は100円、昼夜は500円でごはんを提供しています。お試しいただいて、もしまた利用したいと思ったときは、まちでこのカードキーを探してみてくださいね。このカードキーを持っている人に同行すれば、何人でも何回でもご利用いただけますので」

鯛も一人はうまからず

（日本のことわざ）

ストーリー❺

東郊住宅社は不動産屋です

突然ですが、クイズです。

次に挙げる問い合わせは、一体どこに寄せられたものでしょうか？

「朝食は何時までですか？」

「どんなメニューがありますか？」

「試食はできますか？」

正解は……不動産屋でした！

そう、これらは実際に僕たち東郊住宅社に寄せられた問い合わせです。

せっかくなので、本書でも回答してみましょう。

朝食は午前11時までです。年末年始の4日間（12月30日～1月2日）を除いて、年中無休で午前8時から午後8時まで通しで営業しているトーコーキッチン。朝食が提供される時間帯は午前8～11時になります。

運営開始当初は午前10時までの提供だったのですが、その後の1時間における朝食需要があまりにも高く、午前11時まで延長しました。忘れていました。学生は自由人でした。

基本メニューは朝ごはん１００円、昼・夜ごはん５００円です。１００円の朝ごはんは日替わり1種類のみですが、５００円の昼・夜ごはんは1種類の日替わりに加え、２種類の週替わりを提供しています。定食の内容は今どきらしくＳＮＳで告知します。

毎日食べても、毎食食べても飽きないようにと思い、５００円の定食３種は肉料理・魚料理・丼物などタイプの異なる3種の組み合わせにしています。

それでもアレルギーがあったり、好き嫌いがあったりして、せっかく来てくれたのに何も食べてもらえないのは残念なので、毎日変わらず提供しているカレー2種、ハヤシライス2種も用意しています。その他にも、キッズプレート３００円、コーヒー・紅茶・ルイボスティーのドリンク各種１００円、自家製スイーツ50円などがあります。

試食できます。むしろ、おすすめしています。実際、部屋探しの際に希望されることもままありますが、僕たちから率先して提案しているほうが多いかもしれません。ぜひ一度食べてみていただきたいです。そもそも口に合わなかったら、「あれっ？　入居する価値ないかも？」となるかもしれませんから。

まちの不動産屋が賃貸管理物件入居者のために手作りの食事を毎日提供するという珍しさから、多くのメディアに取り上げられることとなったトーコーキッチン。やはり、特に反響が大きいのは１００円朝食です。全国放送のテレビ番組で紹介されると、放送終了を待たずして全国津々浦々から次々と問い合わせが寄せられます。

「九州にも支店はありますか？」
「食堂のある淵野辺から都内まで通学できますか？」
「食堂に一番近い物件は空いていますか？」

東京・神奈川にある大学に進学予定の受験生を持つご家族の場合は、メディアによる反響に加え、友人や知人、学校の先輩などからの口コミによる反響が年々増えていっています。

そして、問い合わせが始まるタイミングも年々早まっています。

「来春、淵野辺にある大学に合格したら入居するので申し込めますか？」

トーコーキッチン運営開始以前、翌春入学予定者の部屋探しの問い合わせが始まるのは早くて11月でした。それが運営開始以降、10月、9月と年々早まっていき、最近は7～8月でした。それでも入学8～9ヶ月前なので驚いていたのですが、昨年、記録が更新されました。入学10ヶ月前となる6月に問い合わせが寄せられたのです。大学の入学試験要項発表とちょうど同じタイミングでした。

「まだ受験してないんですけど、物件の予約はできますか？」

元々は淵野辺駅徒歩圏の大学に通う学生の一助になればとの思いが、その誕生のきっかけとなったトーコーキッチンですが、今では東京都心部はもちろん埼玉まで通学圏は広がり、淵野辺から電車で1時間半かけて通っている学生もいます。

学生の範囲も大学生だけではありません。研究生、大学院生、専門学校生、予備校生、高校生と幅が広くなってきています。

「来年、東京のどこかの大学に進学する予定です。今から申し込めますか？」

僕たちはただ食堂をやっているだけです。

新しい料理の発見は、新しい星の発見よりも人類を幸福にする

——（ジャン・アンテルム・ブリア＝サヴァラン）——

ストーリー❻

キーは鍵。かけたのは魔法

人生に勝ち負けなんてあるのでしょうか？
周りが決めた勝ち負けなんかに価値があるのでしょうか？
そもそも勝ち負けを周りが決めることなんてできるのでしょうか？

トーコーキッチンを利用するためには店内に入るカードキーが必要になります。そのカードキーは①東郊住宅社の管理物件入居者、②管理物件オーナー、③協力関係業者のいずれかになると所有できます。

さらに、「カードキー所有者に同行すれば、何人でも何回でも利用可」「初めての場合に限り、カードキー所有者同行なしで利用可」という特例を設けているので、理論上は万人にトーコーキッチン利用機会が存在しています。しかし、自身でカードキーを所有する①～③にならないと、利用機会をつくる自由度は高まりません。趣味のエゴサーチをしていると、このような投稿を見かけることがあります。

「私もトーコーキッチン行きたい……」

カードキーを所有していないが故のもどかしさがにじみ出ているのが感じられます。もしかしたらSNSで見た日替わり定食が好物だったのかもしれません。

「トーコーキッチン行きたいから、トーコー民連れてって」

トーコー民という言葉がいつの間にか生まれていたことに驚きました。

やはりここは一つ自由度の低さを解消したいところですが、だからといって、自身でカードキーを所有する①～③になるのは難しい。そんなときでも、他社が管理する賃貸物件入居者が何をせずとも、突如として「①東郊住宅社の管理物件入居者」になるミラクル（？）が発生することがあります。それは、物件の管理会社が僕たち東郊住宅社へと変更されたときです。

「お家にトーコーキッチンのカードキーが届いてて叫んだ」

ある物件の管理変更が決まった日の夜にSNSで見つけた投稿です。その日、僕たちは新しく東郊住宅社の管理となった賃貸物件の入居者にカードキーを届けていたのです。「これからは東郊住宅社の管理物件入居者です。鍵交換の前に先行してお届けします。いつでも自由にトーコーキッチンをご利用ください」とメッセージを添えて。

管理会社が東郊住宅社になったその当日、手にしたカードキーを初めて使ってトーコーキッチンにアルバイト志願しに来てくれた学生もいました。「娘のアパートの管理会社が、以前テレビで紹介されていたトーコーキッチンの会社に変わったと聞いたんですが本当ですか！」と、喜びの電話がかかってきたこともありました。「東郊住宅社で家を買った場合でもカードキーをもらえますか？」と聞かれたこともありました。

所有者となることをこんなにも喜んでもらっているカードキーですが、実は管理物件の鍵を通常のシリンダーキーに戻そうと検討したことがありました。トーコーキッチンを着想する以前のことです。

一つ目の理由は、カードキーは通常のシリンダーキーよりも大きくて扱いづらいためです。かさばります。二つ目の理由は、入居者の合鍵が東郊住宅社にしか作れないためです。カードキーに入力された鍵情報を自社管理しているので、入居者が鍵を失くした場合は、24時間365日、東郊住宅社による対応が必要になります。そして、これは入居者が感じているだろう、ある種の煩わしさに思えたからです。

そんなカードキーが今やどうでしょう。キーファクター、鍵を握る存在です。

余談ですが、トーコーキッチンはカードキーで入店できる人を限定しようと思いついたものの、すでに入居者は自身の鍵情報が入力されたカードキーを持っているので、鍵情報を追加するために入居者に鍵を持って来てもらうか、トーコーキッチン用の新しいカードキーを約3000人の入居者に配布しなければならないかもしれない。そのことに、はたと気付きました。それまではすっかり自画自賛。妙案だと浮かれていました。

鍵を持って来てもらうのも、配布するのも、あまりにも大変です。何より無粋です。何かスマートな手だてはないものか。そしてまた、はたと気付いたのです。すでに入居者が持っているカードキーに秘められた共通情報の存在に。それに符合する特注シリンダーをトーコーキッチンのドアに設置さえすれば、トーコーキッチンが誕生したまさにその瞬間から、入居者の手持ちのカードキーが何もせずにそのままトーコーキッチンのドアをも開けられるカードキーに生まれ変わるということに。

トーコーキッチンがオープンして1年ほど経ったころでしょうか。カードキーをわざと見えるようにして自慢げに持ち歩いている入居者が現れたらしい、ある大学の一部の学生の間で東郊住宅社のカードキー所有者は「勝ち組」と呼ばれているらしい、そんな噂を耳にしたのでエゴサーチしてみると、ＳＮＳにこんな投稿が……。

「5分後にトーコーキッチン行くから行きたい人店前集合」

空腹ならおいしく、好きなら綺麗に思う

——（カンボジアのことわざ）——

食堂
of the 入居者,
by the 東郊,
for the 入居者

コミュニケーションをとる場所

ストーリー❼ 契約してからが、本当のお付き合いの始まり

「おー、いらっしゃーい。久しぶりだねー。味どう？」

僕は1日2〜3度のペースでトーコーキッチンに顔を出しています。その際、ごはんをおいしく食べてもらえているかがとても気になるので、ついついこう聞いてしまいます。そして、喜んでもらえているのがわかると安心します。

氷水の入ったピッチャー片手に客席を回り、飲み止しのコップに水を注ぎながら「味どう？」と尋ねるのがお気に入りのスタイルです。おそらく、僕は日本で一番「味どう？」と聞いている不動産屋ではないかと思います。「おいしい」と言ってもらうことが何よりうれしい不動産屋です。不動産屋冥利に尽きます。さらなる「おいしい！」を求めて、メニュー開

発にいそしみます。

しかし、そこはさりとて不動産屋。ついでに「部屋は問題ない?」「なんか困っていることない?」なんて聞いたりもします。

ある日のことです。トーコーキッチンに行くと、常連のYくんが友だちを引き連れて遅いランチに来ていました。

「味どうよ?」

「めちゃくちゃうまいっす!」

「エヘへ、よかった。部屋は? 大丈夫?」

「はい、大丈夫です。あっ、でもそういえば、マンションのオートロックがなんとなくちょっと調子悪いかもしれないです」

いつもの感じで話しかけると、こう教えてくれました。そこで、その場から不動産スタッフに電話をして現場の確認をお願いしたところ、少し油が切れかかっていたのが原因と判明。油をさして、不調はすぐに解消されました。

まさか自分が食べ終わる前に問題が解決されるとは想像もしていなかったYくん。そのやりとりの一部始終を見て、「不動産屋って格好いい！」と思ってくれたそうで、その場で不動産スタッフとしてのアルバイトを希望してくれました。

ひとたび契約が済むと後は疎遠になる一方なのが、入居者と不動産屋の一般的な関係なのかもしれません。僕自身の過去の賃貸生活はまさにそうでした。住まいや暮らしで困ったことがあっても、なかなか相談しにくい関係になっていました。

しかし、僕たち東郊住宅社は「契約してからが、本当のお付き合いの始まり」だと考えています。トーコーキッチンの0円メニュー「住まいや暮らしの要望受付」にはその思いを投影させて設置し、Yくんのようにごはんついでに気軽に話してもらえたらうれしいなと思っています。小事は大事です。

住まいや暮らしに直接的なかかわりのないことでも相談を受けることがあります。キャビンアテンダントを目指すある学生には、面接で使う履歴書の添削を頼まれました。朝ごはんを頬張りながらの依頼でした。

また、ある学生からは、就職活動の役員面接の課題で新規事業の提案をすることになったガールフレンドの相談に乗ってやってほしいと突然お願いされました。彼女は入居者ではありませんでしたが、トーコーキッチンでよく見かけていました。

トーコーキッチンという空間を共有する入居者、物件オーナー、協力関係業者、そして僕たち東郊住宅社は自然と日常を積み重ね、なんとなく顔見知りになっていきます。すると、それに合わせるように、自然とそれぞれとの関係性もぼんやりと認識していくのかもしれません。そのことに気が付いたきっかけとなる、ある変化がありました。それは、入居者からの要望件数です。

トーコーキッチンの運営開始以降、要望件数は以前の3分の2になりました。営業時間外のものに限ると、以前の8分の1になりました。減った分の要望のほとんどが深刻度・緊急度が低い内容のものです。僕たちへの要望の伝えられ方も、一方的な主張というよりはむしろ、慮ったうえでの相談・お願い・協力要請といったものへと変化していると感じられます。これは、営業時間外の要望に特に顕著です。

これは一体どういうことなのでしょう？

今の自分の暮らしを構成している人たちと自然に日常を積み重ねることで、いつしか相手のことをぼんやりと輪郭から認識を深め、一人きりの世界ではないことを体感する。そんな、日頃から自分にかかわる相手の顔を見てコミュニケーションがとりやすい環境を整えていることによる結実だと感じています。知るは寛容の始まり。どうやらそれは、とても意義深いことのようです。

余談ですが、トーコーキッチンでの出来事に感動し、不動産スタッフとしてアルバイトをしてくれたYくんは、大学卒業後、超大手不動産会社への就職を見事果たしました。Yくん、やったね！　おめでとう！

……あれっ、東郊住宅社は？

実を食べるとき、その木を植えた人を思う

（ベトナムのことわざ）

ストーリー❽

みんなの距離感、みんなの暮らし

いつものように趣味のエゴサーチをしていた、ある日のことです。ＳＮＳでこんな投稿を見つけました。

「万が一独り身になったら、相模原行こっと」

「歳をとって一人暮らしになってしまっても、ここに来てみんなといることでおいしく食べられるようになったというのがいいなぁ」

高齢単身者がトーコーキッチンで居合わせた学生とのコミュニケーションを楽しんでいる、というシーンがＮＨＫで放送されたことへの反響でした。

超高齢社会が進む日本。それにともなって、当然のように僕たち東郊住宅社の管理物件でも高齢の入居者が増えています。その増えている高齢入居者の中でも、トーコーキッチン運営開始以降、特に増えていると感じているのが単身生活者です。

単身で賃貸物件に入居することとなった背景は人それぞれですが、近くに身寄りがない場合がほとんどです。

「そうだとすると、学生よりもはるかに孤食になりがちな生活環境なんじゃないかな？　もしかしたら、気軽に利用できる食事サービスがあったら喜んでもらえるんじゃないかな？　食事をきっかけにした無理のないコミュニケーション機会として、それを楽しんでもらえるんじゃないかな？　それってもしかしたら、離れて暮らしている家族も求めているものなんじゃないかな？」

トーコーキッチンの構想段階でそう思い、実現に向けて加速されました。

そして、トーコーキッチンの存在を徐々に知ってもらえるようになってきた今、増えている問い合わせは「離れて暮らす高齢の親が一人暮らしになったので、近くに呼び寄せたい」というものです。

あるときは、実家を売却することになった親を呼び寄せたい。またあるときは、携帯電話がなかなか通じない地方に住む親を呼び寄せたい。またまたあるときは、高齢者施設に住んだものの馴染めなかった親を呼び寄せたい。向き合っている問題や、抱えている事情はさまざまです。

さらに、ひとたび「呼び寄せたい」と思っても、同居生活は「難しいかも」と察する親／「難しいだろう」と感じている子、高齢者施設には「入りたくない」と言う親／「入れられない」と悩む子、「入らなくて大丈夫」と思う親／「入ることになるその前に」と憂える子。現実は両者の思いが入り混じるデリケートな問題をはらんでいます。

そこで、その一つの解として、自分のペースで暮らせる賃貸物件＋食事の懸念が緩和されるトーコーキッチンのある生活が求められているのかもしれません。

高齢とはいえ、まだまだ自分で身の回りのことはできる。でも、食事のことは気がかりだ。もっといえば、できれば定期的に誰かと接点を持てる日常が望ましい。このとき両者の思いは一致します。ともに描いている未来予想図が、食堂利用を生活の中心に据えた自立した生活だからです。

僕たち東郊住宅社は高齢の単身入居者に、月1回のペースで電話をかけさせてもらっています。いつも特に決まった用事はありません。何か困っていることはないか、何か手伝えることはないか、世間話がてらの電話です。

電話口からでも暮らしぶりを何となく察することはできるのですが、これがトーコーキッチンにごはんを食べに来てくれると、直接顔を見て話ができて、食欲からは健康状態を推し量ることができて、想像する暮らしぶりの解像度が高まります。そして、それに加えて頻度が高まれば、なお一層に解像度が高まります。

つまり、高齢の単身入居者がトーコーキッチンを楽しく便利に使ってくれればくれるほど、入居者家族はより安心になり、僕たちは彼らの様子がよりよくわかるようになるのです。

「おっ、今日もデート？　いいねー」
「しばらく顔見なかったから、どうしたかなって話していたんだよ」
「その後、腰の調子はどう？　だいぶよさそうに見えるけど」

「この前、酔ってたでしょう。飲み過ぎにはくれぐれも気を付けてね」

「娘さん、先週来てくれたんだって？」

こんな、たわいないやりとりを今日も投げかけています。

ときには子のように、ときには孫のように、甘えさせてもらいながら。

食欲にまさる薬品なし

（クセノポン）

ストーリー❾

アナログの、ざらざらなコミュニケーション

「行ってきま〜す！」
「気を付けてね。しっかり甘えてくるんだよー！」

学生が長い休みに入る時期に、トーコーキッチンからよく聞こえてくるやりとりです。トーコーキッチンで食事を終えて駅へと向かう入居者。スーツケースを引くその足取りは軽く、不慣れな土地であっても自分一人きりで生活できた自信が後ろ姿からあふれ出ています。数ヶ月ぶりとなる、待望の帰郷です。

トーコーキッチンの利用頻度が高まることで暮らしぶりが想像しやすくなるのは高齢の単身入居者に限ったことではありません。当然、すべての入居者に当てはまります。
冒頭のやりとりの場合、入居者は駅へと向かう道すがら、トーコーキッチンに食事で立ち寄ってくれたのです。そう、目的は当然いつものように食事です。いつものように食事をし

ているのですが、いつもと異なりスーツケースを持っているので、いつものように店を出ていってしまう前にAくんに話しかけてみます。


「味どう？」

「相変わらずうまいっす！」

「ありがとう。なになに、どっか行くの？」

「あっ、はい。実家に」

「そっかそっか、お父さんお母さんは元気？　どれくらい帰るの？」

「2週間くらいです。二人とも変わらずです。淵野辺に戻ってくるときは送るっていつも言うんで、多分、今回も一緒に付いて来ると思いますよ」


いやー、よかったです。相変わらずおいしいとのことです。ホッとしました。

いや、それもそうですが、そうじゃないです。僕たちが知ることができたのは、それだけじゃないです。


僕たち東郊住宅社の主な業務は不動産管理です。オーナーから管理を依頼された賃貸物件に住む人の暮らしに寄り添い、それが当たり前に営まれ続けるように、オーナーと入居者の媒（なかだち）として双方のお手伝いをします。

僕たちが自分たちの仕事の質を高めようとする際に大切になってくることの一つが、入居者に関する情報をどれだけ多く認識できているかではないでしょうか。それによって、何か対応が必要な事案が発生したときの判断が変わり得ることがきっとあるはずです。例えば、先ほどのAくんとの会話で僕たちはこれだけのことを知ることができました。

1．トーコーキッチンのごはんは相変わらずおいしい
2．○○マンションに住むAくんは、これから実家に帰省する
3．期間は2週間ほど
4．ご両親は変わらず元気
5．2週間後くらいにトーコーキッチンでご両親と会えるかもしれない

これによって、僕たちはこんなふうに心積りしておけるのです。

もし、この先2週間のうちに、仮に○○マンションで漏水が発生したとき、Aくんが留守

であることを知っているので、初動の判断が大きく変わることがあるなと。
また、Aくんが生活で心配事を抱えていないかどうか、ご両親と一緒に淵野辺に戻って来たときは、その様子をうかがえる特別な機会になるなと。

近年、実家への帰省などで長期不在することを不動産屋に自ら事前に伝えに来てくれる入居者は、ほとんどいないのではないでしょうか。それはそうだと思います。それが今日の、一般的な入居者と一般的な不動産屋の関係だと僕も感じるからです。

しかし、「食」を媒介にして頻繁に顔を合わせる機会を無理なく創出してくれるトーコーキッチンの存在は、その関係に大きな変化をもたらしてくれています。「食」はこんなにもコミュニケーションのハードルを下げてくれるものなのですね。「味どう?」と聞けば、「おいしいです!」と笑顔で答えてくれるのですから。

トーコーキッチンにおける入居者の主目的は当然のように食事です。ごはんを食べに来ます。しかし、僕たち東郊住宅社の主目的は入居者とのコミュニケーションです。自然なコミュニケーションを通じて得られる情報を収集しているのです。

髪の色が明るくなったことも、いつもと違う相手とデートしていることも、友だちをたくさん連れて来るようになったことも、昨夜飲んで騒いだ仲間と一緒に朝食を食べに来ていることも、入居者と不動産屋の一般的な関係だと得られない情報です。

そう、僕たちはアナログでビッグデータ（？）を蓄積し、活用しているのです。

> 美味とは食物そのものにあるのではなく、
> 味わう舌にあるものである
>
> ——（ジョン・ロック）——

オーナーにとってもうれしい仕組み

ストーリー⑩ トーコーキッチンの存在が入居の動機

2016年6月1日。不動産業界を震撼させるニュースが新聞の一面を飾りました。「首都圏のアパートの空室率が急上昇していますよ。特に神奈川県がひどくて、空室率は35・54％ですよ」という内容のものでした。空室率が35・54％ということは、入居率が64・46％ということ。ショッキングな数字です。

その翌日のことです。もっと驚いたことがありました。この記事を掲載した新聞社の記者と関連の経済報道番組のスタッフが僕たちのところに突然やって来たのです。

「昨日の報道はご覧になりましたか？」

「はい、見ました」

「首都圏で神奈川の空室率が最も高いという調査結果だったのですが……」

「はい、ショッキングでした」

「実はその神奈川県の中で最も高いのが……、ここ淵野辺だったんです！」

「えー！　そうなんですか！」

「つきましてはですね、空室で困っているオーナーさんをご紹介いただけないでしょうか？ぜひとも取材させていただきたいのです」


トーコーキッチンの運営開始から半年。トーコーキッチンとともに迎えた初めての引っ越しシーズン、不動産屋の繁忙期をちょうど終えたばかりのころのことでした。

トーコーキッチン運営開始以前の東郊住宅社の管理物件入居率は95〜96％でした。決して悪い数字ではないともいえるのですが、全管理物件満室の入居率１００％を目指すものの、力不足でいつも残りの４〜５％がなかなか成約しきれずにいました。

ところが、トーコーキッチンとともに迎えた初めての繁忙期を終えた結果は、入居率98・5％まで上昇したのです。つまり空室率は１・５％。「神奈川県の空室率は35・54％」と報道された調査結果と同じ2016年3月時点の数字です。

入居率が上昇した理由、いや、空室率が減少した理由は明明白白でした。言わずもがな、トーコーキッチンです。

年末年始の4日間を除いて、年中無休で午前8時から午後8時まで営業しているトーコーキッチン。朝100円、昼・夜500円で食事ができるトーコーキッチン。SNSでメニューを確認して食べたいときに都度払いのトーコーキッチン。東郊住宅社の管理物件の入居者になるだけで自由に使えるようになるトーコーキッチン。

部屋探しのときに同じような条件の賃貸物件がいくつか候補に残って、その中に東郊住宅社の管理物件があったとしたら……。すべてが希望通りじゃないけれど、十分満足できる物件が東郊住宅社の管理物件にもあったとしたら……。ちょっと予算オーバーだけど、トーコーキッチンが使えることを考えたら……。

もしトーコーキッチンが使える環境を選ぶこと自体にデメリットやリスクを感じていなければ、その環境を選ぶだけで自動的に獲得できる入居者サービスはいつでも利用できるようになります。利用者を限定したサービスの在り方としては一般的な仕組みです。しかし、その仕組みは東郊住宅社が管理する賃貸物件への入居を大きく促進し、空室率を減少させたのです。

100円朝食のセンセーショナルさも手伝って、トーコーキッチンはいまだに反響が続いています。むしろ、浸透度の高まりを年々強く感じています。

淵野辺以外にある学校や職場へ通う学生や社会人、大学入学10ヶ月前の未受験段階で物件の予約を希望する受験生のご家族、留守中の子どもの食事の心配をするシングルマザー、施設以外での自立した生活を望む高齢者など、トーコーキッチンの存在が入居の動機となり、全国からここ淵野辺へと住まいを移してくる人が年々増えています。

「住みたい街ランキング」にも、「住みたくない街ランキング」にも登場しない淵野辺。「学校や職場が近いから」というような消極的な理由でしか選ばれなかった淵野辺。そんな淵野辺が今、積極的な理由で選ばれるようになってきているのです。

おかげさまで今年は入居率99％を達成しました。管理物件数は増えてきているのですが、まだ足りなく、目下の悩みは空室不足です。空室が慢性的に不足していることにより、部屋探しの需要に応えられない事態が発生してしまっているのです。

先日も、希望の部屋が空くのが1ヶ月先になることが判明した際に、その期間のホテル暮らしを自ら進んで選択してくれた入居者がいました。僕たちとしては大変うれしくもあるのですが、とても心苦しくもあるため、対応策を思案しています。

そういえば、先ほどのやりとりにはこんな続きがありました。

「そうですか、空室で困っているオーナーさんをお探しですか……。実は今、当社の空室率が1・5％でして、空室で困っているオーナーさんを探しているのは僕たちもなんです。どなたかご紹介いただけませんか？」

牛乳をよくかき混ぜないとサワークリームはとれない

――（ルーマニアのことわざ）――

ストーリー⑪

トーコーキッチン的パラダイムシフト

思えば、トーコーキッチン運営開始以降、オーナーとの関係でさまざまな変化が起きています。不動産業界は古くからの慣習が根強く残っているというイメージからか、その話をするとよく驚かれます。ただ、同業である不動産業者からも驚きの声が聞こえてくるので、業界の定説からもかけ離れた現象なのかもしれません。

事実は小説よりも奇なり。頭で描いた架空の世界で起こることよりも、実際の人間社会で起こる出来事のほうが、はるかに突飛で闊達でおもしろかったりするものなのかもしれません。例えば、こんな話はどうでしょう。

【オーナー希望者が30人超】

トーコーキッチンのことを知り、興味を持ち、共感し、そして「自分が所有する賃貸物件もトーコーキッチンが使える物件にしたい」というオーナーの依頼により管理替えが行われ、僕たち東郊住宅社の管理物件数は徐々に増えています。

それと同時に、「自分もトーコーキッチンが使える賃貸物件を所有したい」という未来のオーナーともいうべき物件購入希望者からの相談も年々増えています。

物件購入希望者は、すでに不動産経営者や投資家として活動している人をはじめ、これから投資を始めたいと思っている人、他県で不動産業を営む同業者などさまざまです。なかには、淵野辺に新たな物件を購入するために他エリアの物件の売却を試みている管理物件オーナーもいます。さらには、管理物件入居者もいます。

僕たちに直接依頼があっただけでも、現在30人以上の物件購入希望者が「トーコーキッチンが使える物件」のオーナーになる日を待ってくれています。ワンルームマンション一室から、アパート・マンション一棟、土地購入からの新築まで希望もさまざまですが、なかなか合致する物件が売りに出てこないため、ここ何年も購入希望人数が減らずに増える一方。行列のできる不動産屋になってしまっています。

【管理前提の物件購入事後報告】

僕たちが直接依頼を受けている物件購入希望者が30人以上も待っている状態なので、他の不動産業者に淵野辺駅限定で物件紹介を依頼している人もいるようです。

キーワードはやはり「トーコーキッチン」。僕たち東郊住宅社に管理を依頼することを前提にした購入物件探しです。

物件購入を決断する前に相談してもらえるとありがたいのですが、デリケートな問題です。なかなかそうはいきません。購入した後に「このマンションを買ってきたので、東郊住宅社で管理お願いします」と依頼されることも多くなってきました。

「えっ、もう買った状態ですか？　当社に管理依頼とはまたどうしてですか？」

「それはもう、トーコーキッチンがあるからです！」

淵野辺駅徒歩2分のトーコーキッチンに近ければ近いほど、トーコーキッチンによる入居促進効果が高まることから需要が多く、「トーコーキッチン周辺の地価が変わった」とささやかれているとか、いないとか。そんな声も聞こえてきました。

【オーナー自ら管理料引き上げの申し出】

トーコーキッチンのファンだとずっと公言してくれているオーナー、Sさんの物件が僕たち東郊住宅社の管理物件となったのは、今から5年ほど前のことです。空室の増加、オーナーの費用負担増、家賃の下落。多くのオーナーが抱えるそれらの問題が、Sさんが管理会社を替えるに至った背景でした。深刻な収益悪化の循環に陥っているうえに、このままでは明るい将来を描く要素が見出せないことに不安を募らせていました。そのとき知ったのがトーコーキッチンの存在でした。「自分の物件もトーコーキッチンが使える物件にしたい」。そう思い、管理替えを決断したのです。

そうしてトーコーキッチンが使える東郊住宅社の管理物件になったSさんの物件は、1ヶ月も経たないうちに5室あった空室はすべて入居者が決まり、瞬く間に満室となりました。希望よりも大幅に下落していた家賃も適正に戻りました。

このときの結果を僕はこう解釈していました。もちろんトーコーキッチンの効果はあっただろうものの、立地や築年数などそもそも物件が持つ好条件に加えて、設備の充実や美観を保つ努力など、Sさんの尽力によるところがとても大きかったと。

ところが、誠実なSさんは違いました。東郊住宅社の管理になって変化した収支の増減を洗い出し、その効果を測ったのです。例えば、管理会社に家賃収入の一定率支払う管理料は1・5％上がった、東郊住宅社は「礼金ゼロ・敷金ゼロ・退室時修繕義務なし」という貸し方だからクリーニング費用はオーナー負担になって出費がこれだけ増えた、でも家賃収入はこれだけ上がった、それに空室期間がこれだけ減ったから損失金額はこれくらい減った……といった具合に、すべて数値化したのです。結果、大幅な収益増。インカムゲインだけでなく、満室家賃アップによりキャピタルゲインも増えることが判明したのでした。よかったです。結論を聞くまでドキドキしました。

すると、Sさんからさらにドキドキする提案がありました。

「御社独自のサービスを受けて通常以上の利益を享受しているので、通常以上の対価をもって報いるのがフェアだと考えています。どうぞ管理料をもう1%上げてください」

管理替えからわずか3ヶ月でのことでした。

そして昨春、再びSさんから提案がありました。

「来月から管理料をどうぞもう1%上げてください」

ソーセージにはソーセージを

――(ドイツのことわざ)――

Kenta Hasegawa

ストーリー⑫

トーコーキッチンはフラットな対人関係体感装置

不動産業者にとって、入居者とオーナーのどちらがお客様なのでしょうか？業界内で耳にする禅問答です。

トーコーキッチンでは不動産屋と入居者、食堂スタッフと利用者という関係ではなく、一人の人間同士として接するように徹底しています。これはトーコーキッチンに入るために必要なカードキーを所有する、約２００人の管理物件オーナーも例外ではありません。

それは、僕が描いているのが全方位フラットな関係の実現だからです。そして、トーコーキッチンに求めているのはその体感装置的な役割です。不動産屋と入居者、入居者とオーナー、そして、オーナーと不動産屋。いずれの関係もフラットであることが、より楽しく快適な賃貸生活を継続的に実現させ得ると考えているからです。

入居者の入退去時に報酬が発生しやすい構造になっている不動産業者としては発想が逆走しているのかもしれませんが、「満室はオーナーに対する最高のサービス」をモットーに管理業務を請け負っている僕たち東郊住宅社としては、その「最高のサービス」が提供できている状態がより継続しやすくなる仕組みを創り出すことも大切な役割だと考えています。そのほうが、入居者もオーナーも僕たちも、みんなが心穏やかで居続けられますから。そのほうが、きっとごはんもおいしいはずです。

そう、ごはんです。どうして「食」を媒介にするとコミュニケーションのハードルが下がり、関係がまろやかになるのでしょう。

実は、トーコーキッチンはオープンから3ヶ月だけでしたが、酒類を提供していた時期がありました。価格はトーコーキッチンらしく格安設定でしたが、お察しの通り、売上への貢献を期待していました。ただもう一つ、ひそかな目論見もありました。それは、入居者とオーナーが酒を酌み交わすきっかけ作りでした。もっと正直にいえば、オーナーが入居者に酒でだらしない姿を見せてくれたらうれしいなと思っていました。ごめんなさい。でもそれは、一般的にイメージするところの賃貸借における力関係が崩れ、「そうだよね、オーナーさんも人なんだよね」と入居者にオーナーの人間味を感じながら物件に住んでもらえたら、との思いからでした。

ところが、どうでしょう。いたずら心が見透かされてしまっていたのでしょうか？　生ビール樽の賞味期限が切れてしまうほど売れなかったうえに、オーナーは節度ある方ばかりだったので、期待も目論見も達成することなく酒類の提供を止めることにしました。みんなから、トーコーキッチンは健全な場のほうがふさわしいと判断されたのでしょう（今となっては、それで本当によかったと心から思っています）。

酒を入れずとも、「食」を挟めば不動産業者とオーナーの話し向きも変わります。

古くから、不動産業者とオーナーが話すことといえば、お金が絡んだ殺伐としたものが多いのが世の常、いや、そんなイメージでしょうか。便りがないのはよい便り。不動産業者がオーナーに連絡をするとなると、入居者の退去予定、設備不具合の対応など、どうしてもお金がマイナスに動く話が多くなりがちなのは事実です。

僕たち不動産スタッフがトーコーキッチンを訪れた際に、食事中のオーナーと遭遇することがあります。「まぁ、座りなよ」と声をかけられ、「はい」と答えて相席しながら、「おいしいな」「おいしいですね」とごはんを食べていると、あら不思議。両者思わず笑みをこぼしながら、不動産とはまったく関係のない話をするような時間を共有できるのですから。

オーナーとのそんな時間を意図的に増やしたく、千本ノックよろしく、オーナーをトーコーキッチンに招待して、僕と食事をともにする面談機会を作ってもらっています。僕たちがどうしてトーコーキッチンを始めたのか、この空間でどのようなことが巻き起こっているのか、入居者はどんな顔をしてごはんを食べているのか、僕たちは入居者とどんな関係を築いているのか。「百聞は一見に如かず」です。

1組あたり1〜2時間かけて、じっくりとトーコーキッチンを体感してもらいます。すると、どうでしょう。僕たちがトーコーキッチンを運営している意義を理解してくれるだけでなく、「こんなこともできるな」「あんなことしたら入居者は喜んじゃうな」と、楽しげに未来に思いを馳せてくれるオーナーが少なくないのです。

また、トーコーキッチンでたまたま居合わせた初見の入居者との会話が思いの外スムーズにできたことがうれしかったのでしょう。家庭菜園で採れたトマトを自分の物件の入居者に突如配りだしたため、「池田さーん、なんかトマトが届いたんですけど！」と、びっくりした入居者から僕のところに連絡が入ったこともありました。

僕は人見知りなのですが、トーコーキッチンでは入居者であれ、オーナーであれ、取引関係業者であれ、できるだけフランクなコミュニケーションを図るように心がけています。よくいえばフレンドリーですが、無遠慮ともとられかねないので、相手の様子をうかがいながらすり足でコミュニケーションです。その成果でしょうか。最近、うっかり敬語を使ってしまうと怪訝な顔をするオーナーが増えています。

「何？　今日はよそよそしいじゃない？　えっ、もしかして何か悪い話？」

おそらく、食べ物は
皆を一つにまとめる力を持っている唯一の普遍的なものだ
どんな文化でも、世界中のあらゆるところで、
人々は集まって食事をする

（ガイ・フィエリ）

地域との関係をよくする存在

ストーリー⑬ 地域でのトーコーキッチン

「待って。トーコーキッチン？の前いつも通ってるんだけど、あそこはなに!?」

トーコーキッチンは入居者に向けた食堂なので、一見してどんな店かわかるような看板の類は特に設置していません。とはいうものの、商店街の通りに面した店舗デザインが店内丸見えのガラス張りなので、前を通る人は窓際に吊るされた店名板と店内の様子から、「んっ？トーコーキッチン？　食堂？　？？？」となります。

トーコーキッチンのオープンに際して、入居者には開店の案内状を投函しましたが、一般に周知するための広告宣伝の類はしませんでした。いわゆる一般的な集客も知名度アップのための営業活動も不要だからです。

それ故、冒頭のような事態が当然発生します。トーコーキッチン運営開始からまだ半年ほどのことでした。すでに日課になっていたエゴサーチで見つけた投稿です。

そこで僕は「トーコーキッチンは東郊住宅社が管理する賃貸物件入居者に向けた食堂」であること、「安くておいしくて健康的な食事を提供」していること、「朝ごはんは100円で、昼・夜ごはんは500円」であること、でも特例が二つあって一つは「カードキー所有者と一緒なら、何人でも何回でも利用できる」こと、もう一つは「初回利用に限り、カードキー所有者同行なしでも利用できる」ことをSNSの返信機能を使って案内しました。今でもこのような投稿を見つけたときは、同じように返信を続けています。

後日談ですが、冒頭の投稿者は淵野辺にある大学の学生でした。SNSでのやりとりを経た翌日から学校で何人もの東郊住宅社の入居者を探し出し、以降は代わる代わるその友だちらとともにトーコーキッチンの超常連さんになってくれたのでした。

「カードキーを持った人と一緒なら同じ金額でお食事をいただけるという、お友だちツールまで万全。そんなのお友だちがすぐできるじゃん！と感動しました」

これは、大学進学で初めての一人暮らしをすることとなった息子を送り出したお母さんから送られてきたメールの一部です。

「ハマ線乗っていると若い男が淵野辺いいらしいよ、と話しているのだけどこういうことだったのか」

これは、淵野辺を通るJR横浜線で乗り合わせていた学生が発した一言と、今まさに自身のスマホで表示されている相模原町田経済新聞連載のトーコーキッチンのコラムが偶然結び付いた驚きからリアルタイムにSNSで投稿されたものです。

「入居者向け食堂」というちょっと変わったスタイル、「朝100円・昼夜500円」というワンコイン価格、そして「誰でも利用できるようでできない、……と思ったら実は誰もが利用することもできる」というその独特な特例によって、トーコーキッチンの存在が淵野辺の学生を中心にじわりじわりと広がっていき、認知度が徐々に高まっていきました。

認知度が高まるにつれて、トーコーキッチンの利用者数が増えていきました。運営開始当初から雇用はなるべく入居者から行っていましたが、スタッフの半数以上が入居者になっていました。SNSで求人募集をすると、30分で定員を超える応募がくるようになっていました。東郊住宅社の管理物件を選んだ一番の理由として、トーコーキッチンが最も挙げられるようになっていました。部屋探しの際に、通学路上にトーコーキッチンがあるような位置関係の物件を求める人が多くなっていました。認知度のさらなる高まりを、さまざまな場面で感じるようになりました。

「あぁ……たしかトーコーキッチンの近くのあれですかw　行きましょう」

トーコーキッチン運営開始から2年が経過し、3回目の引っ越しシーズンを終えたころのことです。恒例のエゴサーチで見つけたのが、このSNSでの投稿です。

内容からすると、トーコーキッチンに来る予定ではなさそうです。SNSに記載されていたプロフィールを見る限り、投稿者はトーコーキッチンのSNSをフォローしている人でもなければ、どうやら管理物件入居者でもなさそうです。トーコーキッチンに関係ありそうでいて、実は一切直接的な関係はない投稿でした。

しかし、この投稿は格別にうれしいものでした。地域におけるトーコーキッチンの認知度がまた一段階高まったかもしれない、と感じさせてくれたのです。なぜなら、トーコーキッチンがランドマークになっているからです。

一見してどんな店かわかるような看板の類は特に設置していないトーコーキッチン。一般に周知するための広告宣伝の類はしていないトーコーキッチン。そんなトーコーキッチンが、話し相手と場所を確定するために共通の目印として使われるようになる。その事実は、運営開始からちょうど2年を迎えたばかりの当時の僕たちを励まし、勇気づけてくれました。淵野辺の商店街の一角でひっそりと誕生した、ちょっと変わった「入居者向け食堂」がその存在を地域に認めてもらえたような気がしたのです。

カラスが飛び立ち、梨が落ちる

（韓国のことわざ）

ストーリー⑭

地域との情緒的つながり

みなさんがもう一度旅行で訪れたいと思うのはどんなところですか？

僕はどうやら「人」や「食」にまつわる思い出があるところのようです。

ぼんやりとそんなことを思っていたら、僕たち東郊住宅社の管理物件入居者は淵野辺に対して、この郷愁にも似た特別な感情を抱いてくれるのだろうか、そう考えるようになりました。トーコーキッチンが誕生する3年くらい前のことでした。

そして、トーコーキッチンの着想段階で思いました。トーコーキッチンが淵野辺への郷愁を誘う情緒的つながりを生むきっかけになれないだろうか。不動産業は住む人の暮らしをより楽しくすることに携われる稀有な職業なのですから。

そこで、まず「人」です。それを担うべきは僕たちです。一対一の人同士として接するように徹底し、トーコーキッチン店内では入居者とのコミュニケーションが自然発生しやすそうな仕組みをちりばめてみました。そこから、目の前一人ひとりの入居者の笑顔を獲得し、丁寧に積み重ねていきます。

次は「食」です。レトルトや冷凍食品といった出来合いのものを使わずに全部手作りにこだわることをいろはのいに、近隣商店街をはじめ僕たち東郊住宅社と縁がある人が扱っている食品や、地元相模原所縁の食品をできるだけ取り入れることにしました。そうすれば、例えば「このイワシ、おいしい！」と聞けば、「向かいの魚屋さんで買えるよ！」と紹介して食の縁をつなげられます。

そう思い、縁やゆかりある食品を一つひとつ探し出し、卸してもらえないかと直接お願いに伺いました。「私、淵野辺で不動産屋をしています東郊住宅社の池田と申します。実はこのたび、入居者向けの食堂を始めることになりまして……」なんて具合に話し出すと、最初はみなさん一様に「？？？」を顔に浮かべていたのが、今となっては笑い話です。

例えば、お米は希少な相模原産です。米農家さんをひたすら探し続けること2年。たどり着いたのは、葉山島ブランド米研究会代表の中里さん。孫に自信を持って食べさせられる米作りをモットーに、稲に寄る害虫を箸でつまんで首から下げたペットボトルに一匹一匹入れて駆除していると聞き、入居者のみんなにもこのお米を食べてもらいたいとしか思えなくなりました。

卸してもらっているのは、神奈川のブランド米で特A評価を得た経歴を持つ「はるみ」です。腹ぺこたちが一堂に集うトーコーキッチンで通年提供できるように作付けしてもらっているのですが、その量は年々増加の一途です。

サイドメニューの一品であるキムチも相模原産の手作りです。相模湖近くにあるキムチハウスの本坊さんが地元の有機野菜を使って仕込むキムチは、野菜のうまみをしっかり感じる絶品です。

もともと本坊さんのキムチを求めて往復2時間の道のりを足しげく通うファンだった僕は、トーコーキッチン開始に際し、メニューに加えさせてもらえるようお願いしました。トーコーキッチンでも瞬く間にファンが増え、今では当初の倍以上のキムチを卸してもらっています。

コーヒーは津久井に本店を構えるZEBRA Coffee & Croissant代表の嶋田さんが厳選した豆を焙煎してくれています。元工場をコンバージョンした開放感ある空間が特徴の本店がドライブやツーリングスポットとして広まり、とことんこだわり抜いたコーヒーとクロワッサンが絶大なるファンを次々と創出しています。創業10年で津久井・横浜・渋谷・稲城の計4店舗構える大人気カフェブランドです。

僕は創業したての本店に足しげく通うファンの一人だったのですが、当時まだ面識がなかった僕の話に嶋田さんは耳を傾け、「両社の関係はスターバックスとユナイテッド航空のような関係になると思います」と、どこにも卸さないと決めているコーヒーを唯一の例外としてトーコーキッチンに卸すことを快諾してくれました。

紅茶は遠路はるばる赤道を越えた南半球のニュージーランドからやって来ています。僕がニュージーランドに住んでいた時期がある関係で、その当時からの友人夫妻が手掛けるブランド、Chanuiの紅茶を送ってもらっています。入居者のみんなにもニュージーランドを感じてもらえたら楽しいなと思ったからです。

そんな僕の独りよがりな思いだけを携えて、トーコーキッチンで彼らの紅茶を提供したい旨を伝えると、なんと二つ返事でＯＫ。手間ばかりかかる航空便での手配にもかかわらず、入居者に喜んでもらうことに惜しげもなく協力してくれています。

クッキーは相模原にある生活介護支援事業所キッチンハウスに通うみなさんによる手作りの品です。キッチンハウスは、僕が40年以上前に卒園した渕野辺保育園の母体である社会福祉法人さがみ愛育会が運営する施設で、障害がある人のリハビリや居場所づくりの役割を担っています。

渕野辺保育園では、障害のある・なしにかかわらず、当然にして世の中にはいろいろな人がいるということを教えてもらいました。それは今日の僕にも大切な教えとして残り、トーコーキッチンの在り方にも反映されていると感じています。

「だから恩返しのつもりで、仕入れ値そのまま、利益なしで販売しているんです」と、クッキーを販売する理由をいつもそう説明しているのですが、実はそれだけではありません。「あなたの住まう地域には、こういう施設もちゃんとあるから安心ですよ」と、まちの不動産屋としてほんのり伝えたい思いも含ませてもらっています。

作り手の心が表れた純朴な味わいが好評のクッキー。今では当初の1・5倍のクッキーが買い求められています。

日曜日限定の朝ごはんとして提供している食パンは淵野辺駅近くにある、パン・ド・ルナーラの奈良さんによる一品です。有名ホテルで長年腕をふるっていた奈良さんが営むべーカリーは、今や淵野辺で欠かすことができない一店。実は僕たち東郊住宅社の管理物件テナントでもあるので、連日売り切れ必至の人気ぶりには、勝手に僕たちも鼻高々です。

当然、トーコーキッチンでその味を知った入居者からも好評です。「トーコーキッチンの朝ごはんで食べて、おいしかったので買いに来ました！」という声も聞くそうですから、これもまた食でつながるうれしい縁です。

また、入居者の家業が食品を扱っている場合には、トーコーキッチンに卸してもらえないかとお願いしています。以前は新潟の漬物を卸してもらい、トーコーキッチンのサイドメニューとして販売させてもらっていました。

別に「△△マンションのBちゃんの実家の漬物だよ！」とは言わないのですが、「子が入居者になった不動産屋に、親が食品を卸すようになる」という食でつながる新たな関係への発展はとても楽しく、気に入っています。

食でつながる新たな関係への発展といえば、トーコーキッチンではお裾分けをよく行います。僕たち東郊住宅社がいただいた食品を、入居者のみんなと一緒においしくいただくのです。これもとても楽しい発展で、一層おいしくいただけます。

恒例となっているのは、オーナーからのいただきものです。相模原辺りのオーナーはまだ畑などを持っている人も多く、旬の味覚を山のように届けてくれることがあるのです。今までは不動産スタッフで分けて持ち帰っていたのですが、トーコーキッチン運営開始以降はそれらをトーコーキッチンで調理して、無料サービスの一品としてお裾分けするようになりました。

「□□マンションのオーナーさんの山で採れたたけのこの土佐煮だよ」

「××アパートのオーナーさんの畑のじゃがいもで作ったポテトチップスだよ」

当然、自分の住んでいる物件のオーナーではない確率のほうが高いです。しかし、あえてそう伝えることにより、今までは契約書という紙の上でしか存在を認識していなかったオーナーという存在を身近に感じてもらえるかもしれない。そうなれば、住まい方がより丁寧なものになるかもしれない。不動産屋としては、そんな思いもやんわり込めさせてもらっています。

僕たちは「人」と「食」を起点にして、地域との情緒的なつながりのきっかけを作り、その塩梅を見ながら醸成する。トーコーキッチンでのアナログのざらざらなコミュニケーションを日々積み重ねていき、いつの日か「淵野辺に住んでよかった！」「昔さぁ、淵野辺に住んでいたときにさぁ、不動産屋がやっていたこんな食堂があってさぁ。アレ、おいしかったんだよなぁ〜」なんて言いながら、愛着を持って振り返ってもらえたらうれしいな。不動産屋冥利に尽きるな。不動産屋として、そんな思いを強く抱いています。

青田から飯になるまで水加減

――（日本のことわざ）

ストーリー⑮

グッドデザイン特別賞［地域づくり］受賞

２０１５年４月。トーコーキッチンの着想から４ヶ月が経ち、僕たち東郊住宅社の新しい入居者サービスとして入居者向け食堂を運営することが社長（現・相談役）に承認されました。着想してからというもの、実現に向けて妄想、いや、構想が止まらない状態になっていた僕はワクワク、ニヤニヤの毎日を迎えます。

しかし、それもつかの間。間もなく、既成概念と固定観念の壁が立ちはだかり、もどかしさに苛まれる日々を迎えることになります。

原因は「入居者向け食堂」という言葉が連想させるイメージです。僕が思い描いているトーコーキッチンの世界観を持つサービスを言葉で表すと「入居者向け食堂」が最もしっくりきます。ところが、「入居者」も「食堂」も明確な意味を持つ言葉ですが、「専用」ではなく「向け」という曖昧な意味を持つ言葉が含まれると、抱かせる全体像をぼんやりさせてしまうのでしょう。僕が思い描いている緩やかなつながりを持つ世界観の表現としては適切なのですが、周囲と共有する表現としては不適切となり、既成概念と固定観念の引力が異なるイメージを抱かせてしまうのです。

さらに、僕も含めて、おそらく人は未知のものに遭遇したときには自分の持っている引き出しに分類して処理すると落ち着きます。ぼんやりとしたイメージのままでは維持も消化もできないので、既成概念と固定観念に寄せて処理しがちになります。

トーコーキッチンが現実に体現している「入居者向け食堂」がある今となっては、しっかりと世界観を共有してもらえることも、たとえぼんやりした全体像のままであっても引き取ってもらえることも増えました。しかし、当時はまだ僕の頭の中だけにしか、トーコーキッチンが展開する世界は存在していません。振り返ると、周囲との世界観の共有が一番大事な運営開始前後の６ヶ月が特に苦悶した時期でした。

そのため、スタッフとの間では「入居者向け食堂」という言葉自体には執着せず、各人の持ち場に応じた役割と振る舞いを伝えることで、まずはトーコーキッチンの世界観を共有することを優先しました。しかし、ひとたび、わずかにでも想定外のことが起こると、「入居者向け食堂」という言葉が描かせるイメージが既成概念と固定観念を発動させ、不動産スタッフは不動産業、食堂スタッフは飲食業、それぞれの業界の守備範囲での慣習的振る舞いや発想へと途端に立ち戻ってしまいました。

そんなときは、「東郊住宅社ではこういう対応でいいんだよ」「トーコーキッチンではこういう接客でいいんだよ」と、僕が実演しながら見本を示していきました。悪いのは上手くみんなを理解に導けない僕です。そして、問題なのは上手く伝える能力がない僕です。それをつくづく感じ、それでも協力を惜しまない全スタッフに感謝しながら、ひたすら世界観共有に向けた試行錯誤を繰り返す日々が続きました。

この状況を打破するきっかけを与えてくれたのは、グッドデザイン賞でした。

応募の理由は、第三者機関からのトーコーキッチンに対する客観的評価が欲しかったためです。応募先をグッドデザイン賞にした理由は、トーコーキッチンの在り方を正しく評してくれる日本で唯一の受け皿だと思ったからです。

受賞できたとしても、できなかったとしても構わない。受賞可否を含めたその評価は、僕が伝えきれていないことを、きっと僕に代わってスタッフに伝えてくれる。そう思ったのです。「全体像がよくわからない状態にもかかわらず、みんなが変わらずに力を貸し続けてくれているトーコーキッチンって、社会的にこう見られているものなんだよ。こういった役割や意義や未来を担っているんだよ」と。

結果は、おかげさまで2016年度グッドデザイン・ベスト100およびグッドデザイン特別賞［地域づくり］を受賞することができました。受賞できたこと自体も十分な喜びでしたが、ベスト100に選出されたことは驚きでした。そして、特別賞［地域づくり］に選出されたことはもっと驚きでした。なぜなら、僕が応募したのは「サービス」デザインのカテゴリだったからです。

僕は地域づくりを目的としてトーコーキッチンをデザインしていません。実際、目の前にいる入居者一人ひとりの笑顔をどうやって獲得できるだろうか、ということにしか注力できていません。しかし、その一人ひとりの笑顔の先にある果実として、「トーコーキッチンは地域づくりにつながっているね」と評価してもらえることは大変光栄で、結果を知ったときには鳥肌が立ちました。なぜなら、僕が思い描いているトーコーキッチンの世界観の中には、当然その要素が含まれているからです。

希望以上だったグッドデザイン賞からの評価は、期待以上に僕たち東郊住宅社の心に響くものでした。トーコーキッチンにかかわる誰もが、自分たちの仕事に、いや、今この仕事に就けている自分自身に誇りを持ち始めたのです。

グッドデザイン賞受賞から1ヶ月後のことでした。いつものようにトーコーキッチンへ行くと、大学の美術部に所属する超常連Yちゃんから立派なアレンジメントフラワーの絵とお祝いのメッセージが書かれた一枚のカードを渡されました。

「花は高くて買えなかったので、自分で描いてきました。エヘヘ」

汝(なんじ)は生くるために食うべし、食うために生きるべからず

――（マルクス・トゥッリウス・キケロ）――

ありがとー

第2部

トーコーキッチンの「みんなにうれしい」運営の仕組み

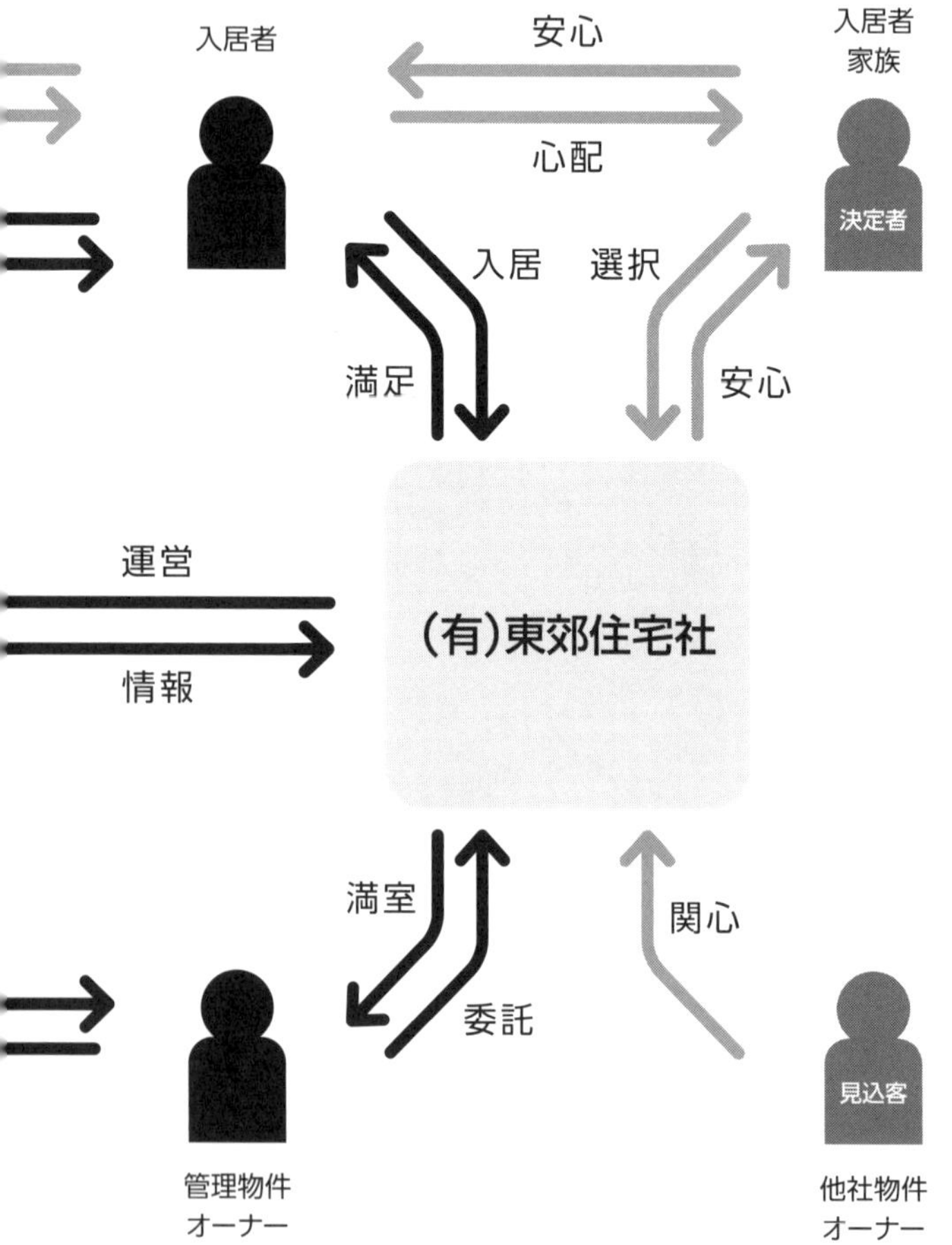
入居者
安心
心配
入居者
家族
決定者
入居
選択
満足
安心
運営
情報
(有)東郊住宅社
満室
委託
関心
見込客
管理物件
オーナー
他社物件
オーナー

around the トーコーキッチン

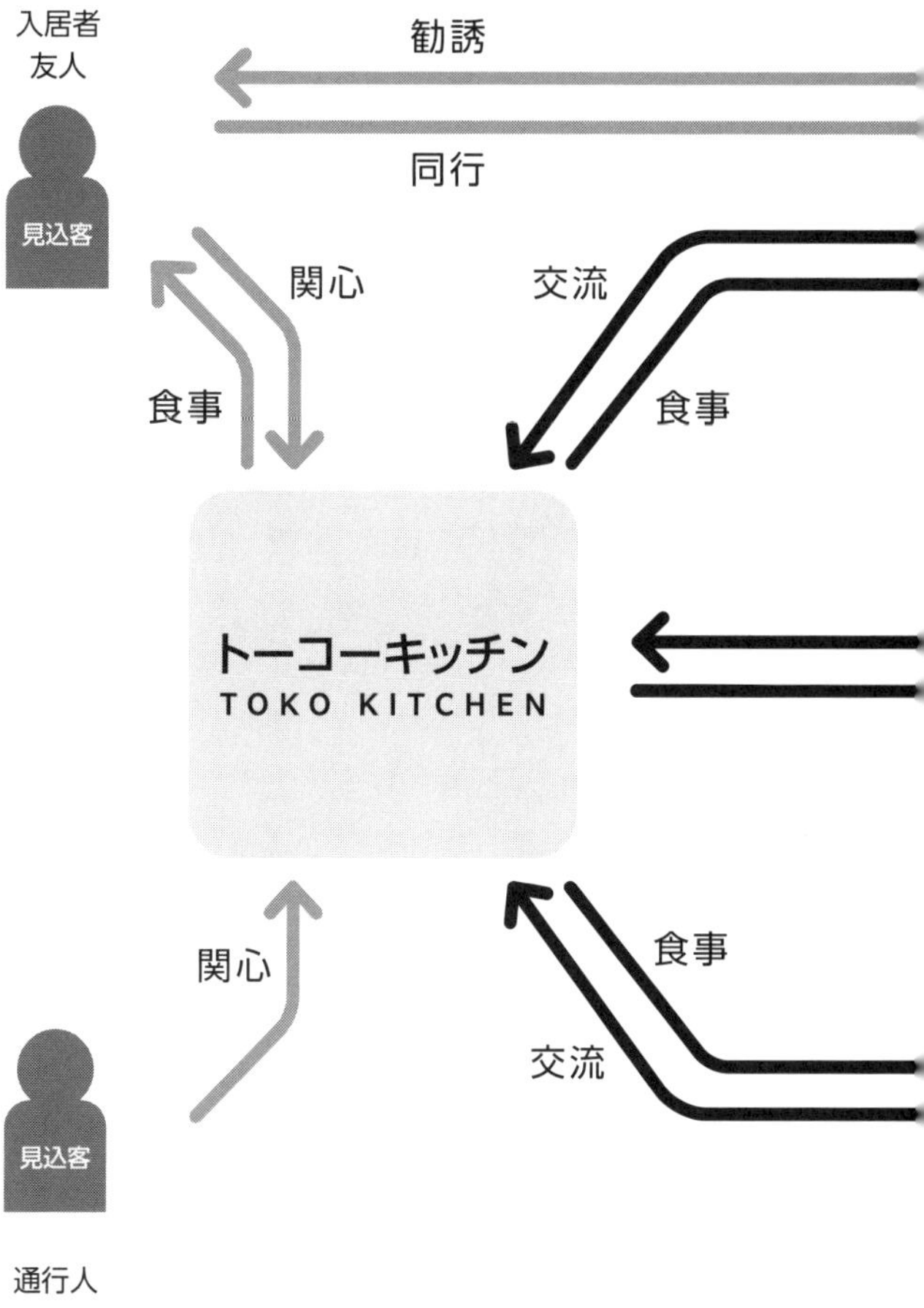

トーコーキッチンができるまで

「ニュージーランド帰りの広告屋」が継いだ不動産屋

2012年8月。僕は冬から夏へと引っ越しました。広告代理店を営んでいたニュージーランドから日本へと住まいを移したのです。家業である東郊住宅社に入社するためです。

東郊住宅社は先代である父が1976年に創業した不動産屋です。支店もない、まちの不動産屋です。賃貸物件の管理サービスと仲介を主な仕事とし、神奈川県相模原市のJR横浜線淵野辺駅周辺エリアを中心に1800室の賃貸物件を管理しています。

貸すほうも借りるほうも納得のいく公平で透明なシステムにすべきだとの考えから、先代が業界に先駆けて1994年から「礼金ゼロ」を開始しました。2004年からはその発展型として「礼金ゼロ・敷金ゼロ・退室時修繕義務なし」という新しい貸し方をしています。

東京のベッドタウンとして発展してきた淵野辺は、他の街と比べると少し特徴的なところがあります。それは、小さな街にもかかわらず、周辺に複数の大学があるところです。そのため、最近は学生の多い街としても知られています。

東郊住宅社でも一人暮らしの学生に適した物件を多く取り扱っています。1800室の管理物件の構成比でみると、一人暮らし向けの物件が60%、家族世帯向けの物件が35%、事業用の物件が5%です。

都心への通勤・通学圏で、スーパーも多く、図書館や大きな公園などもあるので、どの世代にとっても生活しやすい街、淵野辺。しかし、住みたい街として積極的に選ばれる街かというと、残念ながらそういう感じではありません。それどころか、学校や職場との距離や家賃相場などを理由に、消極的に選ばれる傾向が強いです。

しかし、トーコーキッチンが誕生して以降、淵野辺での暮らしが積極的に選ばれることが増えました。たった一つの小さな食堂の存在によって、淵野辺での生活を羨ましがってくれる声を聞くことも増えました。帰国当時の僕が想像すらしていなかった未来です。

「トーコーキッチンの発想はどこから？」

最も多く寄せられる質問です。

一体、トーコーキッチンって何なのでしょうか？
どんな仕組みで、どんな役割を果たし、どんな効果を生んでいるのでしょうか？
ニュージーランド帰りで元広告屋の不動産屋が、日本一「味どう？」と聞いている不動産屋、「おいしい」と言われるのが何よりうれしい不動産屋になるまでには、どんなビハインドストーリーがあったのでしょうか？

それでは、第2部のスタートです。

提供・日刊現代

ひらめき前夜

半球も国も言葉も業界も、がらりと環境が変わったためでしょうか。東郊住宅社に入社した僕は日々の業務を重ねていくにつれ、継ぐに際して対策を検討すべき三つの課題が頭をもたげてきました。一つ目は「食事付き学生マンションに対する需要の高まり」、二つ目は「物件の経年劣化と空室増加による家賃下落傾向」、三つ目は「全管理物件の資産価値を一気にアップさせる裏技」です。

①　男子学生のご家族による食事付き学生マンションに対する需要の高まり

東郊住宅社に入社して初めて迎えた引っ越しシーズンとなる2013年1〜3月。僕は春から大学生となる新入生の部屋探しを手伝っていた際、食事付き学生マンションや寮がとても魅力的な住環境に映っている顧客層の存在を知りました。それは、女子学生のご家族です。当時の僕の体感的には接客全体の2割程度でしょうか。東郊住宅社の管理物件のような一般的なアパートやマンションにするか、それとも食事が提供される学生マンションや寮にするか、まずはそこで比較検討するのです。

僕には納得でした。食事の心配から解放されることはもちろんですが、食事提供が前提の学生マンションや寮なら、きっと管理人など運営側のスタッフが施設に駐在していることが多いはず。セキュリティーの観点からも女子学生のご家族にとっては安心です。女子学生本人も納得の様子です。僕も、うん、うん、納得です。

ところが、翌年の2014年1~3月。2度目の引っ越しシーズンを迎えた僕は違和感を覚えました。前年は2割程度だったはずの比較検討者が4割へと急増したからです。しかも、その割合を増やしていたのが男子学生のご家族だったのです。前年は比較検討者のほとんどが女子学生のご家族だったのに……。そこで、僕なりにその背景を推察してみることにしたのです。

ちょうど2013年後半くらいから、「アベノミクス効果で景気回復の兆しか?」とささやかれていたためでしょうか。前年は「ウチの子、男の子だから家賃の低い物件で十二分です。生活は頑張ってアルバイトをしてやりくりさせます」という声が圧倒的だった男子学生のご家族が予算を上げている傾向がみられたのです。しかし、好景気の体感がまだともなっていなかったこともあり、早計に予算を上げるわけにはいきません。そこで、食事と住むところがセットになって月々お幾らという上限が決まったパック料金で提示される、食事付き学生マンションや寮が比較検討対象に挙がったのではと感じたのです。食住の安定確保+仕送り額の確定=万全の安心です。

また、これは少子化の影響で、一人の子により多くの手助けと時間をかけられるようになった社会現象なのでしょうか。比較検討する男子学生のご家族からは、「ウチの子、全然料理したことなくって。大丈夫かしら」という心配の声がとても多く聞こえてきました。地方から出て、初めて一人暮らしする我が子を思い、食事に関する不安を持つのは当然です。しかし、その心配の度合いが、僕の認識よりも手厚いものに感じられたのです。「ＩＨしか見たことがないから、そもそもガス台を使えるかしら」などと心配する声も聞こえてきます。

すると、「ホントは一人暮らししてみたいのに～」という思いが見え隠れする男子学生の心とは裏腹に、「まずは慣れる意味でも最初は食事付きの学生マンションか寮にしなさい」という決定権者であるご家族の強い意向が採用されることになるのです。

一つ目の推察ポイントである「景気」は先行き不透明です。二つ目の推察ポイントである「手厚い心配」は今後増すことはあってもなくなることはないでしょう。そして、二つの推察の共通項は「食」です。

ならば、このご家族の抱く食事に対する心配を東郊住宅社が解決する方法はないのだろうか。それができれば、今後は比較検討の土俵に乗らずに、東郊住宅社が管理するアパートやマンションを進んで選んでもらえるようになるかもしれない。そう思ったのです。

② 刻一刻と進む物件の経年劣化と空室増加による家賃下落傾向

アパートやマンションなど、建物は建った瞬間から当然のように経年劣化して老朽化の道をたどります。すると、新築時の家賃設定が保てなくなるので、家賃を見合う金額へと下げるというのが一般的に講じられる手だてです。

また、景気悪化や学生減少などにより空室が増加した場合も、手っ取り早く空室を埋めるために家賃を下げてでも集客するというのが一般的に講じられる手だてです。

そんな中、２０１３年4月に淵野辺に校舎を構える大学が一部の学部の都心回帰を行い、淵野辺での通学者が3分の1にまで減少することになりました。そうなると、少ないパイの奪い合いが始まります。いざ、家賃下落合戦！……いや、やはり家賃にも下げ止まりがある。そうなるとその先の一般的に講じられる手だてとして、契約時の初期費用をいかに少なくして入居者を獲得するかを当然考えてくるだろう。そう推測しました。

そこで問題発生です。東郊住宅社は貸すほうも借りるほうも納得のいく公平で透明なシステムにすべきだとの考えから、業界に先駆けて２００４年から「礼金ゼロ・敷金ゼロ・退室時修繕義務なし」という貸し方をしています。そこには会社としての信念はもちろん、それに賛同してくれているオーナーの心も込められています。部屋を探している人にとってはそれが東郊住宅社の管理物件に入居を決める第一の理由となり、僕たち東郊住宅社にとっては自分たちの仕事に対する姿勢を表す柱ともいうべきものです。

……とはいうものの、それはこちら側の勝手な思い。押し付けというもの。部屋を探している人にその背景にある思いを正しく伝えることができなければ、東郊住宅社の「礼金ゼロ・敷金ゼロ・退室時修繕義務なし」も、他の不動産業者の「礼金ゼロ・敷金ゼロ」も、全く同じ、単なる「礼金ゼロ・敷金ゼロ」に当然映ります。ゆえに、東郊住宅社が「礼金ゼロ・敷金ゼロ・退室時修繕義務なし」という柱を失う日は近い。

ならば、新しい柱、自分たちの仕事に対する姿勢を雄弁に語ってくれるような柱を探さなくては。そう思ったのです。

③　物件やオーナーに依存せずに１８００室すべての管理物件の資産価値を一気にアップさせる裏技

適正な家賃で満室にすること。賃貸経営をする物件オーナーが求めるところです。そしてこれは、それに携わることで収益を得ている不動産業者にとっても然りです。両者の目指すゴールはしっかり合致しています。

ところが、物件は歳月を経て古くなってくると局面が少し変わります。次第に仕様や設備も時代に後れを取るようになり、いつまでもそのままにしていると、より新しい他の物件のほうが選ばれやすくなってしまいます。すると、オーナーは自身の物件を選んでもらえるようにすべく、家賃の見直しだったり、手を入れて物件の若返りを図ってみたり、設備を更新・追加したりする必要に迫られます。

賃貸経営リスクの範疇であるとはいえ、すべての物件やオーナーがいつでもそれに応えられるかというと、なかなかそうはいきません。物件の仕様だったり立地だったり、オーナーの意向だったり予算だったり、タイミングも関係して、どうしても難しい場合があるからです。

そんなとき、同じゴールを目指している不動産業者はどうするのでしょうか？　もちろん、一日も早く満室になるようにとの思いから、プロとして改善を提案し、集客・販促活動に一層注力します。しかし、この段階で提案される改善策は、家賃の見直しだったり、設備の更新・追加だったりと、損失や費用が発生してしまうものが一般的です。そして、それを担うのはオーナーです。不動産業者が自分たちの収益を得るための商品である物件のオーナーが担うのです。

オーナーは商品である物件の価値を高める努力としてその費用を担い、不動産業者は集客・販促活動に対する費用と労力を担ってそれに応えるのが不動産業界の慣習的構造なのだと頭では理解するものの、僕にはバランス悪く映りました。なぜなら、当時の部屋探しは今以上に物件そのものが持つ魅力に依存したものが圧倒的主流だったため、オーナーが物件単体の価値を高められるかどうかがゴール達成の可否を大きく左右していたからです。

ならば、物件の仕様・築年数・駅からの距離といった条件や、オーナーの意向・努力に依存することなく、１８００室すべての管理物件の資産価値を一気にアップさせる、すなわち満室にできる裏技はないだろうか。どんなオーナーのどんな物件であっても、僕たち東郊住宅社に管理を任せれば満室になるという裏技。それこそが、東郊住宅社としての存在意義なんじゃないか。そう思ったのです。

ひらめきは突然に

三つの課題をどれともなくぼんやりと考え続ける日々が漠然と過ぎていきます。どの課題も進むべき方向は見えるものの、答えに近づけている気配がまったくしません。思い浮かんでは苦笑。思い浮かんでは自嘲。その繰り返しです。

すると突然、その時が前触れもなくやって来ました。２０１４年12月12日、僕たち東郊住宅社の忘年会の席でのことでした。みんなでワイワイガヤガヤと楽しんでいたところ、三つの課題を一度に解決するひらめきが降りてきたのです。

「あれっ？　もしかしたら、うちが食堂をやったらいいんじゃない？」

独り言のようにそうつぶやき、そのままの勢いで生まれたばかりの構想を話してみました……が、周りは誰一人として真に受けていない様子。酒の席での戯言として優しくいなされたり、ビー玉のような眼でパチクリされたり。「おいおい、ウチの2代目は大丈夫かい？」とすら思われていたかもしれません。ごめんなさい。

とはいえ、僕にはどうにもしっくりくる答えに思えて仕方がなかったので、その年末年始休暇を使い、「東郊住宅社が食堂を運営したら」という仮説に対する方程式をあらゆる角度から立ててシミュレーションしてみたのです。

すると、どうでしょう。直面していた三つの課題はもとより、慢性的な懸念点や潜在的な改善点もクリアする球体のようなスキームが浮かび上がってきたのです。東郊住宅社が食堂を運営したら、入居者にも、オーナーにも、取引関係業者にも、かかわる人みんなに喜んでもらえるものになる。そんな確信めいた思いにいたった僕は、寝ても覚めてもワクワクする気持ちが抑えられなくなっていました。

トンネルの中で

ここで時を戻します。

たまたま運よくひらめきへと続いていたトンネルの中で、僕はそれぞれの課題に対してこんなことを考えていました。

①の「食事付き学生マンションに対する需要の高まり」に対して有効な対策は、僕たち東郊住宅社も食事サービスを提供することです。しかし、一介の不動産屋である東郊住宅社にその環境は整っていません。そうなると、すでに存在する飲食店に協力を要請して、入居者への食事提供で提携してもらうことをまずは考えますが、それでは本質的な解決にはならないと考えました。

なぜなら、ご家族の抱く食事の心配には、定期的に我が子の様子を見守ってもらえる機会がある環境がもたらす安全の確保、定額払いで食べ損ねることがない環境がもたらす安心の確保が多分に含まれていると感じていたからです。元来、一般客を中心に据えた提携飲食店では安全の確保として不十分でしょうし、提携飲食店の経営都合で食事提供が中止になってしまう可能性が秘められているようでは安心の確保としても不十分でしょう。つまり、それでは期待される食事サービスとして成立していない。そう考えたのです。

②の「物件の経年劣化と空室増加による家賃下落傾向」に対して有効な対策は、東郊住宅社の「礼金ゼロ・敷金ゼロ・退室時修繕義務なし」に代わる新しい柱、自分たちの仕事に対する姿勢を雄弁に語ってくれるような柱を見つけることです。

僕たちは、契約してからが本当のお付き合いの始まりだと思って仕事をしています。「東郊住宅社があるから淵野辺に住む」と思ってもらえるような会社でありたいと思っています。それゆえ、追求したいのは奇をてらったような「新しい管理会社の在り方」ではなく、どこまでも「東郊住宅社の管理姿勢の具現化」です。得たいのは「管理物件数、地域一番店！」ではなく、どこまでも「より多くの東郊住宅社ファン」です。

僕は当時から賃貸不動産管理業者のライバルは同業他社ではなく、コンビニだと思っています。すでにあれだけ多岐にわたる業務を24時間、全国津々浦々で担っているのですから、賃貸不動産管理業務が増えたとしてもお茶の子さいさいでしょう。すると、コンビニのような大手異業種による不動産業界参入にも左右されない聖域で柱を見つける必要があります。

それは、「流行り廃り以外の特長」を持つ柱であるべきです。そして、「合理的に、効率的に、能率よく」を追求するデジタル化はおのずと進む未来であることに疑いはないので、僕たち東郊住宅社としてはアナログ的に「もっと深く、もっと密に、もっと巻き込む」が進むべき方向だ。そう考えたのです。

③の「全管理物件の資産価値を一気にアップさせる裏技」の答えは簡単でした。一言でいえば、企業努力です。しかし、その企業努力をどうやったら正しく伝えられるのか、その術が全然見えてこないのです。

例えば、僕たち東郊住宅社は年末年始の4日間（12月30日～1月2日）を除き、年中無休で営業しています。入居者の日常生活は年中無休だからです。

また、緊急時には24時間365日、自社で対応しています。夜中であろうと明け方であろうと連絡が入れば、鍵の紛失や漏水などといった緊急対応に直ちに出動します。当番制で僕も週3日担当しています。外部委託はしません。物件のこと、入居者のことを一番知っているのは僕たちだからです。そして、管理会社である僕たちがまず直接現場に赴いて顔を見せることで、入居者は安心してくれるからです。

また、特に要請がなくても、震度4以上の地震が発生した場合には直ちにすべてのエレベーター付き管理物件を巡回しています。エレベーターが緊急停止していた場合には、閉じ込められている人はいないかといった安全確認とともに、不便が最小限で済むようにその場で復旧手配を行います。

これらは、入居者に安心・安全な住空間を提供し続けるために当然に必要として行っている企業努力の一部です。東郊住宅社はこんな管理会社なのです。……どうですか？ 淵野辺にある東郊住宅社の管理物件に住んでみたくなりましたか？

答えはきっと「……」でしょう。もしかしたら「東郊住宅社は心構えのよい管理会社だ」とは思ってもらえたかもしれませんが、「もし淵野辺に住むことになったら、候補の一つにしよう！」くらいが関の山ではないでしょうか？ 「次は絶対に淵野辺の東郊住宅社の物件に住むぞ！」という熱い衝動はなかなか生まれないものです。これがたとえ淵野辺に住む必要があって部屋探しを行っている段階だったとしても、これらの企業努力が東郊住宅社の物件を選ぶ絶対的理由にはなかなかなりません。

それはやっぱり、こうした企業努力はサービスの受益者とならない限り、価値が伝わりにくいからだと思うのです。自身がサービスの受益者となるまでは、僕が述べたこともしょせんはセールストークです。立派な社訓や社是が社内外に浸透しないのと同じなのかもしれません。だから、実態・実体・実感がともなうわかりやすいカタチで東郊住宅社の企業努力を伝達する術を考えなければいけない。そう考えたのです。

トーコーキッチンの運営はこうしている

トンネルを抜けると

そこは壁でした。

ちなみに、先代である父は会社の今後を見据えた次なる一手をかねてからずっと探していたとのことで、トーコーキッチンの有効性をすぐに認めてくれていました。さすが、業界に先駆けて「礼金ゼロ・敷金ゼロ・退室時修繕義務なし」という新しい貸し方を始めた人物です。会社のトップが当初から賛成の意を示し、一貫して協力してくれたことは、プロジェクトリーダーとして本当に恵まれていたと思います。

とはいえ、父を含めた周囲とは運営方法を巡って意見が相違することはままありました。でもそれは当然のこと。僕一人ではなく、みんなで前例の見当たらない新しいことを始めるのですから、壁くらいは出現します。三歩進んで二歩下がって壁をこっそり壊す。四歩進んで五歩下がってから助走をつけて壁を飛び越える。地道にそれを繰り返し、僕の考えるトーコーキッチンの運営方法への共感をゆっくり増やしていきました。

配膳下膳はセルフサービス

トーコーキッチンのオペレーションは基本的にセルフサービスを採用しています。利用者は入店後、まず自身でオーダーシートに注文の品を記入し、ホール担当スタッフの待つレジで支払いを行い、カウンター越しに調理スタッフから配膳を受けて、着席して食事します。そして食べ終わったら、自分で下げ台に下膳し、退店します。セルフサービスを採用した主な理由は二つです。

一つ目の理由は、少人数でのオペレーションを可能にするためです。リーズナブルな価格での食事提供を永続的に行うために、なるべく人件費を抑えることが重要だと考えたからです。すると、ならば注文と支払いが一度に済む券売機を導入したほうがいいのではないか、という声がスタッフから挙がりました。たしかにそれはそうです。運営側としては、人手が少なくて済むという点だけでなく、そのほうがリスク管理しやすいと一般的には考えるでしょう。しかし、それでは僕たち不動産屋が入居者向けに食堂を運営する有効性を最大限活用できません。

そこで、二つ目の理由です。注文、支払い、配膳、下膳はスタッフとコミュニケーションが自然に発生する大切な機会として、あえて少し面倒な手間を残しています。例えば、こんな感じです。

「今日の日替わり定食は何ですか？」と注文時。

「あれ、今日は食後のコーヒーはいらないの？」と支払い時。

「今日も嫌いなネギは抜いておいたからね」と配膳時。

「ごちそうさまでしたー。おいしかったです！」と下膳時。

これらのやりとりをきっかけに、入居者とのコミュニケーションが自然に始まり、健康状態をはじめとした入居者の最近の様子をうっすら知ることができるのです。当然、すべての情報が直ちに役に立つわけではありませんが、この積み重ねが管理会社としての僕たちの仕事の質を高めてくれるに違いないと信じています。

「今日は好物の豚肉料理。ポークチャップだよ」と注文時の応答。

「食べたらすぐに学校に戻らなくちゃいけなくって」と支払い時の応答。

「ありがとうございます。でも最近は克服したいと思ってるんです」と配膳時の応答。

「あれっ、ご飯ちょっと残してるね。多かった？　夏バテ？」と下膳時の応答。

日本一メニューを考えている不動産屋

セルフサービスでのオペレーションが円滑に行われるためには、食事が注文者に提供されるまでの時間がなるべく少ないことが重要になるのだろうと考えました。しかし、だからといって提供時間を早くすることばかりに注力してしまうと、冷たかったり、表面だけが熱かったりする、オペレーション都合が現れた残念な料理になってしまうので、それは避けなければならないこと。

そこで、温かい状態で提供されるべきものと、そうでなくても大丈夫なものとを分類して組み立て、全体で自然なバランスの取れたメニューの構成を試みました。毎日食べに来ても飽きないようにと、まずは2ヶ月分、60パターンのレシピ開発に挑戦です。定番のものから海外のものまで対象を広げてメニューを検討するうちに気が付いたのは、和食の偉大さです。冷めて常温になることも、時間が経って味がしみることも、和食には大切な調理過程。提供時間が大幅に短縮できる作り置きの一品としてぴったりなだけではなく、健康的な食事を入居者に提供したい僕たちにとってもってこいの料理だったのです。

そうして、和食の要素を取り入れた副菜を中心にメニューを構成し、運営開始時にはなんとか60種類のレシピを整えました。その後もそれを足掛かりに開発を続け、レシピ数は現在100種類以上にまで増えています。

今では、トーコーキッチンのごはんをおいしいと思ってもらえるかどうかが、僕たち東郊住宅社の不動産業にとって非常に重要なポイントとなっています。トーコーキッチンのおいしいごはんを食べたいから東郊住宅社の物件に住みたい、トーコーキッチンのごはんはおいしいから引っ越したくない、と思ってくれるからです。そのため、空室対策はメニュー開発、退室対策もメニュー開発となっています。

日本一「味どう？」と聞いている不動産屋であり、「おいしい」と言ってもらえるのが何よりうれしい不動産屋であると自称している僕は、もしかしたら日本一メニューを考えている不動産屋でもありそうです。

動物フィギュアが番号札代わり

セルフサービスでのオペレーションに向けて、食事の提供時間を短くする手だてを施したものの、やはり即時提供は難しいメニューもありますし、混雑して提供が遅れる場合もあります。その場合はやはり、いったん着席をして準備が整うまで待ってもらうこととなるのはやむを得ません。
そんなときでも、クスッと笑ってもらえるようなひとときを過ごしてもらいたい。そう思い、トーコーキッチンではレジ横に鎮座する12体の動物フィギュアの中から好きな1体を選んでもらい、フィギュアとともに席で待ってもらうことにしました。いわゆる番号札の代わりです。食事の準備が整ったら、「ヒツジさんのお客様〜」「ミーアキャットでお待ちのお客様〜」とスタッフが呼びかけ、配膳を受けにカウンターまで来てもらうのです。

実はこのアイデアには元があります。僕がニュージーランドに住んでいたときによく通っていたカフェが、テーブルの目印として番号札代わりに動物フィギュアを使っていたのです。僕は注文したコーヒーが運ばれてくるまで動物フィギュアを眺めながらのんびり過ごすひとときが好きでした。そして、コーヒーの味はもちろん、そのおしゃれな遊び心が似合うカフェのことが今でも忘れられず、真似させてもらっているのです。もしかしたら、入居者のみんなもいつの日かそうやってトーコーキッチンのことを思い出してくれるかもしれないと期待しながら。

100円の朝ごはん

100円の朝ごはんは日替わり制です。ご飯、豚汁、卵・肉・魚いずれかのタンパク質源のおかずに、野菜を使った副菜が2種付いた構成です。

「朝食を100円で提供したいと思っています」

「いや、この内容なら300円でも十分喜んでもらえるんじゃないか？」

「……でしたらば、ここはひとつ、200円でどうでしょう？」

トーコーキッチンの実現に向けた会議での発言です。順に、発案者であり2代目の僕、当時社長の父、そして最後は、気を使ってくれたスタッフのものです。

威張ることではありませんが、100円の朝食は注文が出れば出るほど赤字です。そのため、100円の価格設定に関しては僕以外の全員が反対でした。でも、提供する朝食は200円にしても、300円にしても赤字です。これが毎朝1万食提供するとなると赤字額も大変な差になりますが、100食程度ではたかが知れています。

だったら、「管理物件入居者のみなさんに利便性と健康的な食生活を提供する」という第一の目的をシンプルに追求するのが最良だろうと考え、100円に設定しました。100円というわかりやすい金額で、少しでも多くの入居者が朝食を食べに来てくれるほうがはるかに意義深く、何よりうれしいことですから。

腹ぺこの学生が一人で２人前注文するのはよくあることです。それでも２００円です。ご飯のお替わりが50円なので、ならばもう１人前頼んだほうがお得という考えです。今のところ最も多く食べたのは、トーコーキッチンが使える生活にするために引っ越してきた学生です。一度に４人前を平らげていきました。仮に10人前食べても千円です。１００円のすごみを感じます。

そこで「１００円朝食の赤字は入居者が支払う家賃やオーナーからもらう管理料に上乗せして補填している？」と、よく聞かれます。答えは「いいえ」。企業努力です。

５００円の昼・夜ごはん

５００円の昼・夜ごはんは日替わり１種と週替わり２種から選べます。この３種は肉料理の定食・魚料理の定食・丼物など、異なるタイプの組み合わせにしています。定食はご飯、豚汁、食べ応えのある主菜に副菜が２種付いた構成です。

トーコーキッチンの料理は、毎日食べても毎食食べても飽きない、健康的でおいしい「お母さんの料理」をコンセプトにしています。レトルトや冷凍食品は使わず、とことん手作りにこだわっています。食後に変な喉の渇きを感じてほしくないので、うま味調味料は添加しないなど、調味料や塩分量にも気を付けています。

気になるお味はというと、「2千円の味ではないけれど、500円とはとても思えないほど大満足」といったところでしょうか。「手作りのごはんってやっぱりおいしい」と思ってもらえるように丁寧に仕上げるのが、僕たちの基準です。

実は、トーコーキッチン運営開始直後の3ヶ月間は、昼ごはんにもう一品加えた定食を夜ごはんとして700円で提供していました。朝ごはん100円、昼ごはん500円、夜ごはん700円の設定だったのです。そもそもこれは、当時の大学生の可処分金額が1日900円と報じられていたことから設定したものでした。仮に朝と夜の2食をトーコーキッチンで食べたとしても900円を超えないようにしつつ、満足できる夜ごはんを提供したいと思ったからです。

ところが、社会人にとってはお値打ちな700円の夜ごはんも、学生にとってはそう映らなかったようです。500円の昼食はあんなにたくさん食べに来てくれる学生も、700円を夕食に使うとなると食べたいものの選択肢がグッと広がり、トーコーキッチンへの足が遠いてしまうのです。

そこで、運営開始からわずか3ヶ月後のことでしたが、思い切って夜ごはんも500円に値下げしました。７００円の夜ごはんを10人の学生に食べてもらって得られる７千円よりも、５００円の夜ごはんを14人の学生に食べてもらって得られる７千円のほうがはるかに価値の高いことですから。

すると「これはもうさすがに５００円定食の原資は入居者が支払う家賃やオーナーからもらう管理料に上乗せして確保しているでしょう？」と、よく聞かれます。答えは今回も「いいえ」。それどころか、普通ならば飲食店が留保する利益をトーコーキッチンでは放棄しています。さらに、余分に出た利益は食材と人件費に再投入です。つまり、みんなが食べれば食べるほどごはんがおいしくなり、みんなが食べれば食べるほど働くスタッフの笑顔が増える仕組みになっているのです。

カレー会長とハヤシ社長

３種類から選べる５００円の定食ですが、それでもアレルギーや好き嫌いによって、せっかくトーコーキッチンに来たのに食べられるものがないということもあり得ます。しかし、それではあまりに残念です。そこで、毎日提供するものとしてカレーとハヤシを各２種類ずつ、計４種のメニューを用意しています。

一つ目は「カレー会長」というメニューです。先代である父の大好物のカレースープです。母のレシピを採用しています。500円です。

二つ目は「ハヤシ社長」というメニューです。これは2代目である僕が学生時代から作っているハヤシライスのレシピを採用しています。こちらも500円です。

そして、「シェフのカレーライス」「シェフのハヤシライス」というメニューがあります。これは、先ほどのカレー会長とハヤシ社長に対して、「おいおい、素人が料理をなめちゃいけないよぉ～」と、プロの料理人であるトーコーキッチンのシェフが対抗心を燃やして作ったカレーとハヤシ。「素人VSプロ」の対決メニューの構図となっています。こちらは100円高い600円。価格もプロ仕様です。

対決メニューの一番人気は「ハヤシ社長」だとスタッフからは報告を受けています。真実か忖度か、おいしいかおいしくないかはさておき、カレー会長とハヤシ社長は等身大の東郊住宅社を感じてもらえたらうれしいなと思い、設定したメニューです。

白米 or 雑穀米？

相模原産のお米を通年提供しているトーコーキッチンでは、ご飯を白米か雑穀米から選べます。健康志向が高まる中、雑穀米の選択肢を設けたのですが、とはいえ、食べ盛りの学生はまだまだ圧倒的に白米派が主流なお年頃だろうと予測していました。ところが、蓋を開けてびっくり。近年の学生は過半数が雑穀米派でした。実際にやってみないとわからないことが多々あるものです。白米と雑穀米ではコストが当然違うのですが、それはこちらの勝手な事情です。やっぱり、健康的なご飯を好んでおいしく食べてもらえているという事実のうれしさのほうが勝ります。

淵野辺米騒動

トーコーキッチンのご飯はお茶碗1杯に220グラムが盛られています。一般的にはお茶碗1杯150~200グラムですので、少なめや半量での盛り付けを希望する人も少なくありません。一方で、お替わり（50円）をする学生も多く、一度に440グラムのご飯をよそえる大きめのお茶椀（丼？）を慌てて用意しました。

腹ぺこの学生の食べっぷりは、それはそれはとても気持ちのよいものです。見ているこちらも自然と笑みがこぼれ、幸せな気持ちを抱きます。そんな学生がわずかな量のおかずに対して大量のご飯をかき込んでいる様子を見て、だしを取った後の昆布やかつお節などを使った自家製ふりかけのサービス提供を開始したほどです。

あるとき、日頃のご愛顧に感謝して、ご飯のお替わり無料キャンペーンを期間限定で行いました。すると予想通り、いや、予想をはるかに超える反響があり、ご飯を炊いても炊いても、瞬時に釜からご飯が消えてなくなるという事態が発生。米騒動です。「学生の腹ぺこレベルを甘く見てはいけない」という教訓を得ました。

味噌汁ではなく豚汁

トーコーキッチンの定食に付く汁物は豚汁です。いつも変わらず、毎日豚汁です。味噌汁ではありません。これには理由があります。

まず、味噌汁は煮詰まってしまうとおいしくありません。そして、同じ具材ばかり続くと飽きますし、手抜き感が露呈します。具材を毎日考えるのは大変ですし、時間が経ってクタクタになってしまうとおいしくありません。だからといって、具材の好みも千差万別。地域性もあるため、「〇〇の味噌汁なんてあり得ない！」と思われないために無難な具材を選ぶとマンネリ化は避けられません。たまに食べに行く定食屋なら毎回同じ具材の味噌汁でも気になりませんが、毎日食べに行く定食屋となると、そうはいきません。

そこで考えました。豚汁だ。トーコーキッチンは豚汁がおいしい店にしようと。

みなさんの思い描く豚汁とはどんなものですか？　そう、きっと豚肉が入っている汁物を思い浮かべたのではないでしょうか。それでは、具材にはどんなものが入っていますか？　そう、きっと豚肉以外は「野菜たっぷりで具だくさん」といった漠然としたイメージではないでしょうか。その野菜はいつもシャキシャキですか？　そう、きっと必ずしもそうではないでしょう。

たとえ煮詰まっていたとしても、たとえ野菜がクタクタだったとしても、たとえ具材が毎日同じだったとしても、煮詰まったクタクタの野菜から出たうまみは、豚汁としてグレードアップしてくれます。もっといえば、豚肉さえ入っていれば、それは豚汁です。その他の具材は他の料理で残った野菜を入れたとしても豚汁です。それらを投入することにより食材ロスを防ぐだけでなく、加わる野菜が増えれば増えるほど栄養価も高まり、これまた豚汁としてグレードアップしてくれます。味も栄養価もグレードアップした豚汁は、おざなりな味噌汁よりも満足度ははるかに高く、より喜んでもらえる汁物となっただけではなく、今や熱烈なファンを抱えるトーコーキッチン名物となっています。

年中無休で通し営業

トーコーキッチンは年末年始の4日間（12月30日〜1月2日）を除いて、年中無休で午前8時から午後8時まで、休憩時間を設けずに通しで営業をしています。１００円朝食の提供時間は午前8時から午前11時まで、それ以降は５００円の定食の提供となります。

元々の朝食提供時間は午前10時までだったのですが、そこからの1時間延長を求める学生の声があまりにも多く、午前11時まで提供することにしました。午前10時台に朝ごはん。「学生のフリーダムレベルを甘く見てはいけない」という教訓を得ました。

予約不要で都度払い

「予約は必要ですか？」よく聞かれる質問ですが、予約は不要で、「いつでも好きなときにどうぞ」というスタイルです。支払いは都度払いです。毎日、日替わり定食のメニューをＳＮＳで告知するので、それを見て「食べたかったらおいで」というスタイルです。そもそもトーコーキッチンは、僕たちが好きで勝手にやっている入居者サービスです。入居者自身の意思で選べる権利と、たとえサービスを利用しなくても損はしない設定をきちんと守りたいと思っています。

余談ですが、毎日更新されるSNSを見ているのは入居者だけではありません。「今日の定食はあんたの好物だよ!」「今日のお肉、あれってどんな味だったの?」など、SNSを見たご家族からの連絡が入居者の元へよく届くそうです。また、入居者からも「今日の夕飯はこれ!」「お母さんの唐揚げのほうがやっぱおいしいね」といったように報告をすることもよくあるそうです。単なるメニューを告知する手段として始めたSNSですが、今では離れて暮らすご家族の安心にもつながっています。

揉め事を起こさない仕組み

トーコーキッチンでトラブルは起こらないんですか？

特に同業者からよく寄せられる質問です。接触回数とトラブル対応数は比例するという発想からでしょうか。契約後は疎遠になる一方なのが入居者と不動産業者の一般的な関係だとすると、そう案ずるのも自然なのかもしれません。

しかし予想に反して、その質問を聞いて思い浮かべる事例はいつも一つだけです。それは、まだトーコーキッチンを介した入居者との関係ができていない運営開始直後のことでした。不手際から食事の提供順が前後してしまい、それを不愉快に思った入居者が食事を摂らずに何も言わず帰宅してしまったのです。今思い返しても、申し訳ない気持ちでいっぱいになる大失態です。帰宅に気が付いたスタッフから報告を受けた僕は、直ちにその入居者の部屋へ謝罪に伺い、寛大なお許しを得ました。

それでは、それ以外にトラブルはなかったのかというと、そうではありません。しかし、すぐには思い浮かばないのです。もしかしたら、それはトラブルをトラブルのままで終えていないからかもしれません。なぜならそれは、トラブルがトラブルのままで終わりにくい仕組みでトーコーキッチンが営まれているからです。

知るは寛容の始まり

そもそも、トーコーキッチンは不動産屋が入居者のために運営している食堂です。まったく知らない者同士ではなく、むしろすでにある程度強い人間関係で結ばれています。そのうえで、店内では不動産屋と入居者、食堂スタッフと利用者という関係ではなく、一対一の人間同士としてフラットな関係で接するようにしています。

トーコーキッチンにおける理想のあいさつは「髪切った?」です。入居者が髪を切ったことに気が付けるくらいの頻度と、それを言っても入居者が嫌に思わない心の距離でいつもコミュニケーションを積み重ねようという思いを込めています。

そのためには、目の前にいる一人ひとりの入居者の人となりをよく知らなくてはなりません。しかし、ひとたびそれができる関係になれば、仮にトラブルがあっても大ごとにならないどころか、協力すらしてくれる心強い関係にもなってくれます。

知るは寛容の始まりです。普段から自分の日常にかかわる相手の顔を見てコミュニケーションが取りやすい状態を保つと、トラブルがトラブルのままでは終わりません。身近な家族や友人との関係でそうであるように、きちんと目を見て「ごめんなさい」ができる関係ができていれば、謝罪が必要なケースでも理解を示してくれます。

これは余談ですが、トーコーキッチン運営開始以降、入居者に「ありがとう」を言う機会が増えたと感じています。「友だちを紹介してくれたんだって？　ありがとう！」というような直球の「ありがとう」だけでなく、「この前の漏水騒動では迷惑かけてごめんね。(協力してくれて）ありがとうね」というような「ごめんなさい」経由の「ありがとう」もあります。もしかしたら、きちんと「ごめんなさい」が言える関係は、さらっと「ありがとう」が言いやすい関係なのかもしれません。

二律背反の球体スキーム

とはいうものの、僕が思い描くトーコーキッチンの運営スタイルは、実はトラブルが発生しやすい性質を持ち合わせています。あちらを立てれば、こちらが立たず。同じ要素が正にも負にも転じる、二律背反的な側面がふんだんです。

そのことは、「東郊住宅社が食堂を運営したら」という仮説に対する方程式を立てて初めて気が付いたのですが、卒倒し、挫けそうになりました。

しかし、それらをクリアすべく、諦めずにあらゆる角度から方程式を立ててシミュレーションを重ねていったところ、球体のスキームが浮かび上がってきたのです。

例えば、トーコーキッチンの利用者は「入居者」であり「食堂利用者」で、僕たち東郊住宅社は「不動産屋」であり「食堂運営者」です。2つの立場×2つの立場で計4パターン（入居者×不動産屋、入居者×食堂運営者、食堂利用者×不動産屋、食堂利用者×食堂運営者）によって想定される正と負の展開の一部がこちらです。

しかし考えてみれば、正負両面は万物にありま

正の展開	負の展開
利用者の身元がわかるので安心（食堂利用者×食堂運営者）	利用者は身元が割れるから窮屈（食堂利用者×不動産屋）
おいしいことが入居動機（入居者×食堂運営者）	おいしくないことが退去理由（入居者×不動産屋）
ある程度強い人間関係（入居者×不動産屋、食堂利用者×食堂運営者）	簡単に切れない人間関係（入居者×不動産屋、食堂利用者×食堂運営者）
不動産業と食堂のシナジー効果が期待できる（入居者×食堂運営者、食堂利用者×不動産屋）	不動産業と食堂のアナジー効果が懸念される（入居者×食堂運営者、食堂利用者×不動産屋）

す。トーコーキッチンの運営スタイルに限ったことではありません。ならば、正負両面を洗い出し、正の要素がより輝くように、負の要素が正に転じ得るようにスキームをデザインしよう。そうすれば、トラブルが発生しやすい性質を持ち合わせていてもトラブルが起こりにくくなるのではないか。仮に起こったとしても、トラブルがトラブルのままで終わりにくくなるのではないか。そう考え、方程式を見直し、デザインを補正していきました。もしかしたら、この作業はゲームデザインと似ているのかもしれません。あくまでもユーザー起点でのデザインに留意しました。

すると、どうでしょう。どの角度から検討しても成立するだけでなく、かかわるみんなが喜んでおもしろがってくれるような方程式で構成された球体スキームに仕上がっていったのです。

「それだけで喜ばれる」を集める

方程式を見直し、デザインを補正していく作業の中で、僕はまず「それだけで喜ばれる」ものを集めることから始めました。そうすれば、純粋におもしろがってもらいやすいと思ったからです。

そもそも、消極的選択で暮らす人が多い淵野辺。それがそのままではもったいない。せっかく、そこに住む人の暮らしをより楽しくすることに携われる稀有な職業である不動産業に就いたのだから、淵野辺に暮らすことがより楽しくなるようなサービスにしたいと強く思っていました。

「それだけで喜ばれる」ものとは、例えば不動産屋が入居者のために食堂を用意することだったり、朝ごはんが100円だったり、昼・夜ごはんも500円だったり、年中無休だったりと、提供されるサービスとして圧倒的に喜ばれやすいものです。

このとき僕が気を付けていたのは、もし自分がこのサービスの受益者だったら本当に喜ぶかどうか、という基準です。ついつい、自分がサービスの提供者のときと受益者のときで態度を変えてしまいがちです。自分が受益者のときに喜ぶサービスを提供しようとしても、そこまでやるのは難しい、そこまでやる必要はないかもしれない、そこまでやらなくてもきっと十分喜ばれるだろう、と都合よく考えてしまうのはよくある話。しかしそうなってしまうと、そもそも描いていた自分が喜ぶサービスのレベルからどんどんかけ離れたものを提供することになってしまいます。そして、それはすなわち、受益者には喜んでもらえないサービスになってしまっていると思うのです。

なので、そこは踏ん張って、論語と算盤です。まずは受益者が本当に求めている「それだけで喜ばれる」ものを提供することを第一に考えました。算盤は後回しです。後でしっかりはじきます。僕の「2代目のボンボン」気質が初めてみんなの役に立った瞬間でした。

大人の悪ふざけ

また、運営者である僕たちの都合や事情が優先されていたり、通常ならば利用者のストレスにつながったりしそうな運営上のポイントには、思わず「クスッ」と笑ってもらえるような仕掛けやストーリーをちりばめました。大人の悪ふざけです。「クスッ」と笑ってもらって、トーコーキッチンの在り方を一緒におもしろがってもらうきっかけ作りの機会に充てました。

細かいところでは、子どもも来店が楽しくなるようにと用意してある絵本はすべて「食」にまつわるものにしました。また、トーコーキッチンの

通常	トーコーキッチン
入居者専用	入居者向け
入口に貼り紙等で誤入店防止	入口を施錠して誤入店防止
一般の方は利用不可	どなたでも初回利用可
2回目以降も当然利用不可	鍵所有者と同行すれば利用可
番号札	動物フィギュア
番号で呼び出し	動物名で呼び出し

Ｗｉ－Ｆｉのパスワードは「Ich habe hunger」、ドイツ語で「お腹すいた（I'm hungry）」です。

過剰＋不便＝持ちつ持たれつ、お互いさま

トーコーキッチンは１００円朝食が出れば出るほど赤字です。入居者サービスの一環なので、その他も普通の飲食店が得る利益を放棄して運営しています。むしろ、利益は食材と人件費に再投資します。みんなが食べれば食べるほど提供される食事がおいしくなり、みんなが食べれば食べるほどスタッフの笑顔が増える仕組みです。

そのため、一介の不動産業者が行うサービスとしては過剰だと捉えられがちです。当然、僕はそう思っていないのですが、一般的にはそう捉えられるだろうとも認識しています。そこで次に行ったのは、先述の大人の悪ふざけでコーティングできなかった利用上の不便さやストレスの中から幾つかを選び、あえてそこに巻き込ませてもらうかたちでデザインに残す作業でした。

これは、サービスの提供者と受益者のバランス関係をフラットにし、「持ちつ持たれつ、お互いさま」な関係を体感してもらうためです。トーコーキッチンの場合、客観的に過剰と感

じられるサービスをアンバランスのまま提供し続けると、受益者である利用者（入居者）が「お客様」となってしまいます。すると、無意識に期待過多となり、要求内容も高まり、そしていつの日か、フラットな関係が築けなくなってしまう、そう思ったのです。僕たち運営側の都合を一方的に押し付けるのは駄目ですが、共有できる部分は共有させてもらおう、という考えです。

具体的に残した不便さやストレスは、営業時間や提供メニュー数、利用者の対象範囲など、僕たちがトーコーキッチンを永続的に運営するためには無理できないものが中心です。利用者としても「過剰」とのトレードオフだと納得し、共有することによって協働感を抱いてもらえるだろうと判断した部分になります。

その他、普段のオペレーションの中にも同様に残しているものがあります。例えば、閉店時間直前ギリギリの来店で炊飯器のご飯が足りなくなったとします。そんなときトーコーキッチンでは「ごめん、ご飯足りないんだ。でも冷凍のご飯だったらあるから、チンしたのでよかったら食べる？　もちろん、その分のお代はいただかないからさ」と無理せず、取り繕うことなく対応しています。

よい企画は脇が甘い

最後に仕上げとして行ったのは、球体スキームから方程式を間引く作業でした。形状は球体に保ったまま、窮屈な仕組みにならないように剪定し、抜けを作っていきました。やはり、あらかじめガチガチに決められた企画はおもしろみがありません。遊びが感じられないものに衝動は駆り立てられません。

これは、僕がかねてから抱いていた「よい企画は脇が甘い」という思いからです。偶然と必然の間。可能性の余白を生む作業です。

いつの間にか不可思議なシステムの共犯者に

ただ、この「不便を残す作業」と「抜けを作る作業」を実行したことによって新たなトラブルが発生する可能性が見つかったため、併せてそのための策も講じました。基本的には善意を想定した対策ですが、それ以外のケースには備えとして予防線を張り、それが有効じゃなかった場合の対応方法を設定しました。

トラブルは絶好のコミュニケーション機会であり、プロブレム・イズ・ソリューションでもあります。それに、トラブルとして危惧される事案を改めてじっくり考えてみると、大抵は運営側の都合から一方的にそう思っているだけだったりします。そこで、特例を設けたり、利用者の対象範囲を調整したりしてバランスと整合性を保ちながら、繊細にデザインしてみました。

トーコーキッチンを一度でも利用したことがある人ならみんな、いつの間にかこの不可思議なシステムの共犯者となってしまうように。そして、そのことに気が付いた後も、自身が共犯者になったことを屈託なくおもしろがってもらえるように。

【利用者が入居者のケース例】

・営業時間延長を求められた
・頻繁に自室カードキーの再発行を依頼してきた
・入居者以外にカードキーを譲っていた
・管理物件以外に転居後も利用し続けている

【利用者が入居者以外のケース例】

・利用したいと言ってきた

・施錠されたドアノブをガチャガチャした
・自由に利用できないことへ不満を述べられた
・ドア開閉時に紛れて入店してきた

「俺のトーコーキッチン」発動

それでは、そのデザインの効果はどのように現れているのでしょうか。

運営開始前、「実はこんな食堂を始めようと考えているんです」と何人かの人に話しました。すると、どうでしょう。みんな「あれができる」「これができる」と、頼んでもいないのに(!?)勝手に(!?)続きのストーリーを語りだすではありませんか。

運営開始直前、オーナーの集まりで新しい入居者サービスの開始を報告しました。すると、どうでしょう。「えーーー出資させて!」「なんだよ、白菜とか柿とか持って行かなくっちゃいけなくなっちゃったじゃねぇかよ! ……ったく、もう(ニヤリ)」「ねぇねぇ、ウチの野菜買ってくれる?」など、思い思いの参加表明(?)が届くではありませんか。

運営開始後、友人を連れた入居者の来店が次第に増えました。すると、どうでしょう。「これこれ、これが入居者が食べられる100円の朝食なんだよ。へへ、いいでしょ、ウチの不動産屋」「まずは注文用紙に自分でオーダーを書いて、それから、好きな動物フィギュア一つ取っていいよ」「えー、これで500円だってー。えー、すごくなーい?」「2代目ぇー!こいつ一人暮らし始めたいって!」「卒業まで引っ越したら駄目なんだからね。私が一緒に来れなくなっちゃうよ」など、あちこちから血沸き肉躍る声が聞こえてくるではありませんか。

昨年、キャッシュレス決済システムを導入しました。すると、どうでしょう。「えー、私たちうれしいですけど、大丈夫なんですか? お店に手数料かかっちゃいますよね? えー、厳しくなったら言ってくださいね。トーコーキッチンがなくなったら、みんな困るんですから。大した蓄えないけど、少しは援助できますから!」と入居者が申し出てくれるではありませんか。

みんなの「俺のトーコーキッチン」が発動です。

トーコーキッチンの「1%のルール」みんなの日常を守る

みんなの「行きつけの店」

僕は人見知りで臆病です。そんな僕が学生時代にはまったのが海外一人旅でした。言葉も文化も異なる未知の国へ一人で訪れ、その地に自分の居場所が次第にできていく過程を体感することが楽しかったからです。

その体感を得るために訪問地で必ずしていたことは、「行きつけの店」を作ることでした。ある日ふらりと現れた、どこの誰かもわからない僕が毎日のように通い続けると、最初は単なる一人の外国人旅行者というぼんやりとした認識だったはずが、徐々に輪郭がくっきりとするように僕のことを認識してくれるようになり、ついには「あいつが例のチャーハン好きのMineだよ」と、人格ある一人の人間として接してくれるようになるのです。

これは僕が人見知りで臆病だからかもしれません。この体感がとてもうれしく、まるで自分の居場所として認めてもらえた証のような安堵を与えてくれました。そして、そんなときはいつも、僕はその土地のことを好きになってしまっていました。

今、このことが原体験となった思いがトーコーキッチンには込められています。それは、トーコーキッチンが入居者みんなの「行きつけの店」になれたらいいな、という思いです。単に食事の場としてだけではなく、程よいコミュニケーションでゆるやかなつながりを感じつつ、心地よい距離感で安心して身を置くことができる。みんなにとって自分の居場所のような、日常の空間と感じてもらえていたらうれしいなと思っています。そしていつの日か、縁あって暮らした淵野辺での日常を愛着を持って振り返ってもらえたら、不動産屋冥利に尽きるだろうなと想像しています。

99％の自由

僕はトーコーキッチンのことを、僕以外のすべての人のために存在する場だと考えています。そういう場なので、僕のほうから運営上のルールは特に設けていません。フリースタイルです。毎日毎日、老若男女、さまざまな入居者がやって来るのですから予定調和は当然望めません。考えてみれば、すべてをコントロールするのなんてそもそも不可能です。がんじがらめは、するのもされるのも窮屈です。一人でできることも考えられることも限られていますし、みんなの場に独りよがりは大敵です。

そこで、思い切って僕以外の人が起こす化学反応によって生み出されるであろうおもしろさに委ねることにしました。どうせ一人ではできないことばかりなので、みんなを巻き込み、おもしろがってもらいながら、委ねられるところを委ねていく、ネガティブ・ケイパビリティ高めな運営スタイルです。きっとそのほうがみんなの共感が得やすくて喜ばれる場、心地よくて楽しい場になるだろうと思うのです。

余談ですが、店舗やロゴのデザインも同様の理由で外部に依頼しました。僕はあえて「トーコーキッチンをこういう場にしたいんです」と構想を伝えるにとどめて、そこからイメージするものをそのまま形にしてもらいました。

1%のルール

ただ、100%自由にしてしまうと、今度は運営がままならなくなってしまいます。そこで、1%だけは譲れないポイントとして、ルールを設けさせてもらっています。それは、「貸し切りをしない」「イベントを催さない」です。これはトーコーキッチンを運営するうえで最も大切にしていることの一つ、みんなの日常を守るためです。いつ誰が来ても、自分の日常が過ごせる心地よい場所でトーコーキッチンはあり続けたいと願うからです。

ルールはわずか1％だけですが、そのことによる大きなトラブルに遭遇した記憶はありません。トーコーキッチンに対してみんなが抱く緩やかな概念。それをみんなで共有できていることが、大きな逸脱を未然に防いでくれています。

むしろ、偶然と必然の間、偶有性を多く含んだ脇の甘い緩やかな運営が、可能性の余白を生み、入居者の能動性が喚起されるのでしょう。自発的で主体的でナラティブな展開が次々と繰り広げられています。実際、トーコーキッチンは運営開始以降、さまざまな毎日を吸収し、入居者起点のマイナーチェンジを繰り返し、生命体のように進化し続けています。入居者が僕たちと一緒になってトーコーキッチンを育んでくれているのです。

99％フリースタイルのトーコーキッチンでNGとしている貸し切りとイベント。その第一の理由は、いずれも催されるとみんなの日常が営めなくなってしまうためです。「トーコーキッチンは老若男女、さまざまな入居者がやって来て、みんなの日常を営む場」という観点から考えると、やはり開催の場にはふさわしくありません。

一般的に貸し切りは飲食店に喜ばれるうれしい申し出ということもあり、忘年会や歓送迎会、団体の集会などでの利用希望がよく寄せられます。しかし、大変申し訳ないのですが、

「トーコーキッチンの空間は入居者のみなさんにとっての日常と位置づけており、いつでも当たり前のようにそれが営まれることを大切にし、当社はその環境を守り続けることを大事にしているため、お断りさせていただいています」と説明し、ご容赦いただいています。

イベントを催さないのも同様の理由からですが、加えてもう二つ理由があります。一つは、イベント自体だったり、イベントが開催される空気感だったりが苦手な入居者が少なからずいるだろうと想像するためです。もう一つは、すでに一般的には過剰と捉えられがちなトーコーキッチンの食事サービスに加えて、僕たちがみんなを楽しませるためにイベントを開催してしまうとフラットな関係はバランスを崩し、入居者はやがて「お客様」になり、楽しむことに対して受け身になってしまうだろうと想像するためです。一緒にトーコーキッチンをおもしろがり、能動的に楽しもうとする芽を摘んでしまうと思うのです。イベントを開催することと自体は僕たちにもできることですし、一般的には楽しく関係を深めるためには有効な手法です。しかし、入居者向けの食堂であるトーコーキッチンという場において「それを達成させるための手法は何だろう？」と考えた場合、イベントが最適解ではないだろうと判断しました。

求めているのはコミュニティーではなく、コミュニケーション

それでは、どんな手法を選んだのかというと、コミュニケーションです。目の前にいる一人ひとりの入居者の笑顔を確実に獲得していき、それを愚直かつ丁寧に積み重ねていく、一人の人間同士による一対一のコミュニケーションです。それを入居者には全力で楽しんでもらい、それを僕たちも全力で楽しむ。そうやって、互いに楽しく関係を深めていくのです。

この選択に至ったのには、あるきっかけがあります。トーコーキッチンを着想する1年ほど前、僕が営業時間外の緊急対応当番の夜のことでした。丑三つ時に電話が鳴りました。鍵紛失による緊急対応依頼です。大急ぎで布団から飛び出して出社し、新しい鍵を作成して、寝ぼけ眼に寝癖の私服姿で届けると、そこにいたのは僕がその数年前に担当した入居者でした。顔を見て気が付きました。

「遅くなってごめーん！　失くしたのは鍵だけ？」と僕。「はい、鍵だけです。夜中に本当にすみません……」と彼女。「いいよ、いいよ。よかった、鍵だけで。ゆっくり休んでね。おやすみー！」と、何ともすがすがしい気分で帰宅しました。

その数時間後のことです。横断歩道で信号待ちをしていると、「池田さ～ん、昨日はありがとうございました～！」と向かい側から大声で呼ばれるではありませんか。驚いて顔を上げ

て見ると、そこには笑顔で両手を大きく振る、昨夜（今朝？）の彼女の姿がありました。それを隣で見ていたスタッフがさらに驚いた様子で一言。「彼女って、もっとクールなタイプだと思っていたのに積極的で意外です！」

僕は契約の段階で人間関係がある程度築けていたと思っていた彼女のことを緊急対応依頼の電話の時点では思い出せず、顔を見て初めて気が付く体たらく。彼女はサービスを受けるべき「お客様」という態度とは程遠く、自分の落ち度が招いた深夜対応に申し訳なさでいっぱい。そこに寝ぼけ眼で寝癖が付いた普段着の僕。時刻は深夜3時過ぎ。すがすがしい気分での帰宅。翌日の横断歩道越しの声掛け。

どうして僕はすがすがしい気分になり、どうして彼女は翌日僕に声をかけてきたのでしょう。それはきっと前夜のやりとりが不動産屋と入居者という定型のものではなく、文字通り「普段着のコミュニケーション」だったからだと思ったのです。学校外で担任の先生に偶然ばったり遭遇したときのように、日常の枠組みを超えて発生した、取り繕いのない「普段着のコミュニケーション」による関係の深まりや秘密めいた特有の連帯感こそが成せる業だと思ったのです。

そのとき、それまでの僕と入居者の関係には契約書一枚の隔たりがあったことに気が付きました。そして、僕たち東郊住宅社が「普段着のコミュニケーション」を入居者と積み重ねていくことができたら、不動産屋としての仕事の質を高められるのではないかと思いました。しかし、どうやったらその機会を日々の業務に落とし込んで自然な形で発生させられるかが課題でした。そこで、トーコーキッチンです。

２０１６年度グッドデザイン特別賞［地域づくり］を受賞したこともあり、トーコーキッチンはコミュニティー形成の観点で関心を持たれることが多いです。しかし、実は求めているのはコミュニティーではなく、あくまでもコミュニケーションです。食を媒介にして、いかに無理のない自然な流れで「普段着のコミュニケーション」機会を定期的に創出するかにのみ注力しています。僕らは一人ひとりとのコミュニケーションという点をひたすら打ち続けているに過ぎません。もしかして外部から俯瞰するとそれが線になり、さらに俯瞰すると面になり、コミュニティーを形成しているように捉えられているのかもしれません。

それはトーコーキッチンにとって理想形であり、そう捉えられていたら光栄です。ただやはり、トーコーキッチンを運営するうえでは、コミュニティー形成は目的ではなく、あくまでも結果。一つひとつのコミュニケーションの積み重ねによる果実という位置づけです。その理由はイベントを催さないことと同様、コミュニティー自体だったり、すでにあるコミュニティーの空気感だったりが苦手で遠慮してしまう入居者が少なからずいるだろうと想像するためです。人見知りで臆病な僕のように。

入居者が所有するカードキーで鍵を開けないと入れないトーコーキッチンの店内は、たとえ知らない利用者同士でも、たどっていくとカードキー、すなわち東郊住宅社に必ずたどり着きます。つまり店内は、東郊住宅社を起点にして緩くつながる現実世界のリアルSNSのような不思議な空間になっているのですが、無理な巻き込みや、特定の入居者とだけ話すようなコミュニケーションの図り方はしません。入居者、同行者、いずれも満遍なく、「同じ釜の飯を食う」という緩やかな概念を共有する間柄として、それぞれに心地よいと思われる適度な距離感でコミュニケーションを図ります。そんな入居者向けの食堂であるトーコーキッチンという場においては、目的としてのコミュニティー形成は不似合だろうと判断し、一人ひとりとのコミュニケーションという点をひたすら打ち続けることに注力することにしたのです。

「サービス」デザインのカテゴリでグッドデザイン賞に応募したトーコーキッチンが、「地域づくり」という特別賞に選出されたことは、僕たちが日々打ち続けているコミュニケーションという一つひとつの点のその先に同じ未来図を描いてくれたのだと強く感じられました。そして今なお、それは心の支えとして日々の運営の励みにさせてもらっています。

個々に応じたコミュニケーションのきっかけ

「トーコーキッチンではコミュニティーではなく、一人ひとりとコミュニケーションを図ることに注力しているんです」と話すと、「利用者が顔見知りの入居者だけではないトーコーキッチンで、どんな風にみんなとコミュニケーションを図っているんですか？」との質問をよく受けます。

たしかにそうです。顔見知りの場合はいつも通りの感じで大丈夫なのですが、初見の場合は難しいと思います。そこは、僕の人見知りさと臆病さが功を奏しているのかもしれません。実は、トーコーキッチンには利用頻度や利用者それぞれの距離感を推し量るきっかけを段階的に仕込んであるので、そのいくつかを紹介します。

まずは、入店前段階です。ガラス越しから店内をじっと覗き込んでいる様子が見て取れた場合には、こちらから声をかけてトーコーキッチンの紹介と特例利用の案内をします。そこでもし興味を持ってもらえた場合には、店内に案内。名刺を渡しながらあいさつをし、トーコーキッチン体験を存分に楽しんでもらいます。

次に、入店しようとドアをガチャガチャするなど、鍵が無くて入れない場合は入居者ではありませんので、トーコーキッチンの紹介と特例利用の案内をします。

鍵を使って入ろうとするものの上手くいかずに手間取っている場合は、新しい入居者もしくはトーコーキッチン未経験の入居者です。トーコーキッチンのドアは自室に入るカードキーと同じもので開けられるのですが、自室に入るときとは若干違う開け方をしないと、ドアは開かないためです。この場合は、鍵の開け方とトーコーキッチンの利用方法から案内します。

入店後に着席してオーダーを取りに来るのを座って待っている場合は、誰かの同行者でなく、ドアが開いた際に続いて入店してきた初めての利用者です。トーコーキッチンのセルフサービスでの利用方法を知らないためです。入居者か否かを確認して、それぞれのトーコーキッチン未経験者に合わせた案内をします。

逆に、入店時の鍵の開け方がスムーズだった場合は常連さんです。「おかえりなさい」的な「いらっしゃいませ」でお迎えです。さらに、入店からオーダー、支払いまでも慣れた様子だった場合は超常連さんです。トーコーキッチンが掲げる理想のあいさつ「髪切った？」の発動準備です。

僕は1日2~3度のペースでトーコーキッチンに顔を出していますが、その際には氷水の入ったピッチャー片手に客席を回り、飲み止しのコップに水を注ぎながら「味どう？」と食事中の利用者に尋ねています。その返答具合で相手との間合いを読んでいるのです。ここでもし、その利用者が一人で食事していて、見かけたことがない顔だった場合には、住んでいる物件名を流れに乗じて聞いています。入居者だったならば、「部屋どう？　問題ない？」と続けて尋ねます。入居者でない場合だったならば、名刺を渡しながらトーコーキッチンの紹介と特例利用の案内をします。

入居者が友人と食べていた場合には、その友人に「一人暮らし？」「何年生？」と尋ねます。「一人暮らしで2年生」なら「もうすぐ更新じゃん！　ウチの子になりなよ！」と勧めます。「実家暮らし」もしくは「一人暮らしの3年生」なら「トーコーキッチンを使い続けられるように、友だちが東郊住宅社の物件から退去しないように見張っておいたほうがいいよ！」と勧めます。

そして最後は食べ終わって下げ台に下膳しに来たタイミングです。トレイ上の様子を確認しながら声をかけます。きれいに食べきっていたら「おいしかった？」「これ、おいしいよねー」、少しだけ残っていたら「あれ、ニンジン嫌いなの？」「ご飯少なめとかできるからね」、食べ残しが多かったら「ごめんね、口に合わなかった？」「いつもはペロリなのに、あれ？もしかして体調悪い？」などです。

目の前の1人×n＝みんな

ところで、ここまで繰り返し出てくる「みんな」とは一体誰のことなのでしょう？トーコーキッチンには、老若男女、個人、家族、団体とさまざまな入居者がやって来ます。そんな「みんな」に喜ばれる場にトーコーキッチンをしようと、僕は方程式を立て、スキームをデザインしていきました。でも、いざ「みんな」を思い浮かべてみるも、どれが本当の「みんな」なのかわからなくなってしまいました。

もしかしたら、「みんな」とはそもそも幻想なのかもしれない。僕が思い浮かべられる「みんな」とは自分の頭の範疇でのみ構成されているのだから、実物の「みんな」とは似て非なるものかもしれない。そうなると、コミュニティーが一つひとつのコミュニケーションの積み重ねによる果実であると思ったように、実物の「みんな」とは目の前の一人ひとりの集合体でしかないのかもしれない。そう思ったのです。

運営開始以降、一人ひとりとのコミュニケーションという点を迷いなくひたすら打ち続けられているのも、「99％の自由と1％のルール」というネガティブ・ケイパビリティ高めな運営スタイルで進化し続けられているのも、ここに起因しています。

トーコーキッチンは「食べる広告」

UP & DOWN

突然ですが、ここで再びクイズです。

トーコーキッチン運営開始以降、僕たち東郊住宅社の管理物件では慢性的な空室不足に陥っています。それは（A）の数が増加し、（B）の数が減少したことによると考えられます。

それでは一体、（A）と（B）にはどんな言葉が入るでしょうか？　次の三つの組み合わせの中から最も適切な組み合わせをお選びください。

①　A＝入居　B＝退室

②　A＝物件　B＝入居

③　A＝退室　B＝物件

正解は……①でした！

そう、トーコーキッチン運営開始以降、入居数の増加傾向に対して、退室数には減少傾向がみられています。入居数の増加に関しては、トーコーキッチンの存在が動機となり、入居者となってトーコーキッチンを利用したいという人が増えているためです。驚いたのは、2022年の春入居の大学生にアンケートをしたところ、東郊住宅社の管理物件を選んだ理由が全員「トーコーキッチン」だったことです。2015年の運営開始以来、100％は初めてのことでした。

それでは、退室数の減少傾向はなぜ起こっているのでしょう。退室数の減少は、言い換えると、定着率の向上です。トーコーキッチン運営開始直後のある日のことです。間もなく契約更新時期を迎える大学生にこう言われました。

「も～、池田さん、ずるいっすよ～、あんなもん作って～。今度の更新のタイミングで引っ越しも検討していたのに、引っ越せなくなっちゃったじゃないですかー」

初めは彼の意味するところがわからずにいたのですが、彼が「これですよ、これ」とばかりにポケットから取り出したカードキーを見て、ようやく合点がいきました。もし彼が東郊住宅社の管理物件以外に引っ越した場合には、彼は当然カードキーを返却しなくてはなりません。そうなんです。彼はトーコーキッチンを自由に使える魔法の鍵を自ら手放すような行為ではなく、維持する行為を選んだのです。

考えてみればたしかに、退室するということはトーコーキッチンが自由に使えなくなるという結果になるわけですから、彼が教えてくれたような住み替えを阻止する効力があるのでしょう。このとき彼に言われるまではまったく思いもしませんでした。

絶大な広告宣伝力

しかし、トーコーキッチンの広告宣伝力には当然期待していました。東郊住宅社はトーコーキッチン運営開始以前から、いわゆる広告に一切の費用を充てていません。淵野辺の一店舗しか会社が存在しないことも、賃貸物件の管理サービスと仲介がその業務の中心であることも、入居者の約30%が紹介やリピーターであることも、その必要性を感じていない理由かもしれません。

トーコーキッチンの運営を開始するまでは、パンや果物など心ばかりのちょっとしたものを、家賃の支払いで来社した入居者に定期的にプレゼントしていました。広告に費用を充てるなら、むしろその分をささやかであっても入居者サービスに還元していこうという考えです。

トーコーキッチンも広告費をかけて宣伝することはしていません。それは、一般向けに開放している食堂ではないからということもあります。しかし、その分の費用があるならば、それでもっとおいしい食事を作って、もっと多くの入居者に喜んでもらうことを追求したほうが、結果として、もっと広く多くの人にトーコーキッチンのことを知ってもらえる機会につながるだろうと思っているからです。

トーコーキッチンは僕たち東郊住宅社の仕事に対する思いや姿勢を具現化したものです。そして、誰よりも雄弁にそれを語ってくれる存在です。東郊住宅社の社是や社訓を知っている人はまずいないでしょうが、トーコーキッチンの朝食の値段は多くの人に知ってもらえています。社是や社訓を知ってファンになってくれた人は多くいないでしょうが、トーコーキッチンの在り方を知ってファンになってくれた人はありがたいことにたくさんいます。もっといえば、東郊住宅社という社名はまったく聞き覚えがないけれども、トーコーキッチンという名称はどこかで聞き覚えがある、100円朝食が提供される入居者食堂の存在はどこかで聞いたことがあるという人も多いでしょう。

社是や社訓とは大概そういう認知度のものです。当然それらは意味がないということではなく、そのままで人に伝わりやすいものなのか、伝わりにくいものなのか、ということです。

社内外問わず、自分の周りに会社の思いや姿勢を伝え、なおかつ、それを共有してもらいたいと思っているときには、相手に伝わりやすい形（相手が受け取りやすい形）で具現化してあげると、途端に断然伝わりやすいものになるのだということを強く感じています。

トーコーキッチンが創り出す新世界

構想当初から期待していたトーコーキッチンの広告宣伝力。実際に運営開始してから気が付いたのは、その力が想定以上の強さだったということです。それでは、僕はトーコーキッチンの広告宣伝力にどのような期待をし、実際にどのような広告宣伝が繰り広げられ、それによってどのような効果が現れ、そして、どのような新しい世界が創り出されているのでしょうか？

【入居率向上】

「東郊住宅社の管理物件入居者になるとトーコーキッチンが使える」ことが今まで以上の集客につながり、その結果として、入居率が向上しました。幸いなことに、構想当初から期待していたことが実現されています。

【トーコーキッチン利用前提の問い合わせ】

「トーコーキッチンを使いたいから」という問い合わせが多く寄せられています。入口となる問い合わせの段階から東郊住宅社の管理物件への入居希望が大前提となっているので、僕たちからのいわゆる営業行為が不要になるだけでなく、部屋を探す人の能動的で主体的な入居が実現されます。双方ともに不要なストレスもなく、相思相愛。フラットな関係でお付き合いを開始することができるようになります。

【比較対象の変化】

トーコーキッチンを利用したい人は、トーコーキッチンが使えるようになるために東郊住宅社の管理物件を選ぶため、部屋探しの際の比較対象が東郊住宅社の管理物件内だけに限られるようになりました。すると、トーコーキッチンの運営開始以前には空室続きだった部屋にも次々と入居が決まるようになるではありませんか。

例えば、風呂とトイレが同室になっているタイプの部屋は敬遠されがちなのが不動産業界の定説です。古い物件も然り、駅から遠い物件も然りです。しかし、次々と入居が決まっていきます。トーコーキッチンを使えることと比べると、入居する部屋を決めるに際して求めるものの優先順位が変わったのでしょう。

つまり、「みんな、好条件の素敵な部屋を求めている」は紛れもない事実ではあるけれど、必ずしもそうとは限らない。もしかしたら、それは不動産業者が抱く幻想なのかもしれない。好条件の素敵な部屋を提供するための努力はすべきだけれど、全部屋に適用できるとは限らないとなると、部屋以外の部分で不動産業者が価値を提供できるように努力すれば、その部屋に住みたいと思う対価をきちんと見出してもらえるという証ではないか。そう思えるほどに、次々と入居が決まっていきます。

個々の部屋の諸条件よりも、トーコーキッチンを使えることが勝った瞬間でした。このことが、入居率向上に大きく寄与しています。トーコーキッチン着想のきっかけとなった「全管理物件の資産価値を一気にアップさせる裏技」が発動したのです。

【繁忙期の残業ゼロ】

僕たち東郊住宅社の仕事は1～3月の引っ越しシーズンが繁忙期に当たります。そのため、普段は一切ない残業が、その時期だけはどうしても発生してしまっていました。ところが、トーコーキッチン運営開始以降、「トーコーキッチンが使える東郊住宅社の管理物件入居者になる」ことが大前提の部屋探しが年々増加するのにつれて、僕たちの残業時間が年々減少しだしたのです。そして、ついに2022年には残業時間ゼロを実現しました。これは一体どういうことなのでしょう？

実はこれも、先ほどの【比較対象の変化】の効果によるものです。トーコーキッチンを利用するためには淵野辺にある東郊住宅社の管理物件だけが検討対象となるため、物件案内から最終決定に至るまでの時間が減少し、それにともなう労働も自然に削減されたのです。つまり、この大前提に基づく部屋探しこそが、僕たちの業務を大幅に簡略化してくれたのです。ちょっとした働き方改革です。

【予算設定の変化】

仮に1日3食をトーコーキッチンで食べても1100円。1ヶ月通しても3万3千円です。そこで、部屋探しに同行しているご家族からよく提案されているのが、「トーコーキッチンに足しげく通うなら、家賃の予算をもう少し上げてもいいよ」というものです。たしかに自炊するよりもトーコーキッチンに通い詰めたほうが安く済むのかもしれませんが、この提案が自発的に出てくることは想定外の驚きでした。

【希望エリアの変化】

通常、部屋探しの立地条件として挙げられるのが、駅や学校からの距離です。しかし、トーコーキッチンの存在を知ると、トーコーキッチンからの距離を気にするようになります。そして、自身の生活動線上にトーコーキッチンを据える立地の物件を望むようになります。「とにかくトーコーキッチンに一番近い物件をお願いします!」と熱望する人が現れることもしばしばあり、トーコーキッチンに近ければ近いほど物件の価値が高く見積もられる傾向が見受けられるようになりました。

【成約率の向上】

部屋探しの手伝いをするスタッフの営業力は人それぞれです。得手不得手もあり、成約率の向上は個人の努力だけでは解決できません。会社のサポートが必要です。そこでトーコーキッチンの出番です。内見の終了際にトーコーキッチンへご案内し、希望者にはコーヒーを飲みながらの体験利用をしてもらうようにしています。するとどうでしょう。やはり、百聞は一見に如かず。僕たち東郊住宅社の仕事に対する思いや姿勢を誰よりも雄弁に語ってくれるトーコーキッチンを体験すると、心から安心して入居を決めてくれるのです。

【家賃交渉は皆無】

一時期、部屋探しのときに駄目で元々のつもりで不動産業者に家賃交渉してみることを勧める社会的風潮がありました。僕たち東郊住宅社でも以前はあったのですが、トーコーキッチン運営開始以降、それは皆無になりました。人は対価を見出せるものには、きちんとその対価を払うことを決して厭わないのでしょう。フラットな関係でのお付き合い開始がスムーズになる一つの要因でもあります。

【オーナーによる管理料引き上げの申し出】

一方で、オーナー自らが管理料引き上げの申し出をくれるようにもなりました。先代である父は創業以来、そのような話は聞いたことがないと驚いていました。

東郊住宅社が業務とする管理サービスの収益は、オーナーが得る家賃収入から一定率支払われる管理料です。つまり、管理料を引き上げることは、オーナー自ら取り分を減らすことを意味します。なかなかできることではありません。しかし、僕たちの企業努力への対価としての誠実な申し出です。トーコーキッチンのおかげで、双方で利益も共有する、フラットな関係でのお付き合いができるようになりました。

【顧客が見込み客を連れて来てくれる】

「カードキー所有者と一緒なら、何人でも何回でも利用可」という特例は、より多くの人とトーコーキッチンのおもしろさや楽しさを共有できる方法と、安定的な運営の見通しを立てる方法を模索していたときの解決策として設定したものですが、実はもう一つ、広告宣伝の側面からも効果を期待して設定しました。

入居者が入居者以外の友人を連れて食事に来る。トーコーキッチンで当たり前のように日々見られる光景です。これは見方を変えると、顧客（＝入居者）が見込み客（＝友人）を連れて来てくれていることになります。通常、不動産業者が容易にアプローチできない見込み客が店内に滞在し、食事をしてくれているのです。

店内の6人掛けのテーブルでは、1人の入居者が5人の友人たちと食事をする光景をよく見かけます。この場合は、1人の顧客と5人の見込み客という構図です。話しかけてみると、2年毎の契約更新を控えている友人や、通学困難で一人暮らしを検討し始めている友人に遭遇します。もちろん、同行した友人すべてが見込み客となるわけではありませんが、トーコーキッチンでの体験に満足してもらえたならば、友人のさらにその先の友人たちにトーコーキッチン体験を伝え、いずれ見込み客となってくれるかもしれません。実際、入居者に同行して体験したトーコーキッチンが気に入り、自身もトーコーキッチンを自由に使える入居者になりたいと、東郊住宅社の物件への引っ越しを決めてくれた例は後を絶ちません。

【不動産に用がない人を不動産屋に招く】

トーコーキッチン構想当時、まちづくりに取り組む人たちから「街に開く」という言葉をよく耳にしました。場をデザインする際には、街に対して閉じた関係ではなく、街に開いた形で自然とつながるようにすることが大事なんだよというのです。たしかにそうです。トーコーキッチンは入居者のための特別な食堂ですが、街に対して閉じた関係というのはよろしくありません。どうしたものかと考え、入居者の特権を守りつつも街にきちんと開く解に、広告宣伝効果への期待を込めた「最初の1回に限り、カードキー所有者同行なしで利用可」という特例を設定することにしました。これにより、ガラス越しから店内を覗き込んでいる人や、ドアをガチャガチャして開けようとする人を招き入れることで、通常は不動産業者からアプローチできない見込み客に東郊住宅社のことを知ってもらう機会を創出できるからです。

これがもし、いわゆる普通の不動産業者の店構えをした店舗ならどうだったでしょうか？ただでさえ「入りにくい」「何か怖い」というイメージを持たれがちなのですから、不動産に関する用事のない人が目的もなく不動産業者の店舗にふらりと入るなんてことは、まず日常ではあり得ないでしょう。まして、用事がなければ、一介のまちの不動産業者のことになんて興味すら抱かなくて当然でしょう。

ところが、トーコーキッチンはその壁を軽々と越えてしまいます。招き入れた人に押し付けがましくなく東郊住宅社のことを知ってもらえ、能動的に東郊住宅社への興味も抱いてもらえ、さらにはトーコーキッチンでのおもしろ体験を誰かに伝えてもらえるかもしれない。そこまでをも可能にした有効な窓口として機能しています。

また、効果は賃貸物件への入居促進に限ったことではありません。ある日、招き入れたのはベビーカーを押しながら店内を食い入るように見ていた若い夫婦でした。聞けば、今は社宅住まいで、自宅購入に向けてお金を貯めているとのこと。食事をしながらトーコーキッチンと東郊住宅社のことを熱心に尋ねてきた夫妻が帰り際にした最後の質問は、「今は社宅から賃貸物件に移れないんですけど、東郊住宅社さんで家を買ったらトーコーキッチンの鍵ってもらえるんですか？」でした。うれしくなって、思わず「１００枚差し上げます！」と答えそうになるのをグッとこらえました。

このトーコーキッチンの在り方を、僕は不動産屋の未来形だと感じています。

【地域の日常に溶け込む不動産屋】

トーコーキッチンはその存在や利用者を介して、不動産屋である東郊住宅社を地域の日常に溶け込みやすくしてくれています。近隣の大学の授業で取り扱われたり、美術部のデッサン課題のモチーフにトーコーキッチンを選んで描いてくれたり。

トーコーキッチンでの勉強を日課としていた常連Rちゃんが、その日はいつもより頭を抱えて唸っていたので、よほど難しい勉強をしているのだろうと聞いてみたところ、返ってきた答えは「来年の新入生が部屋探しを開始する前の段階で、どうやったらトーコーキッチンや東郊住宅社のことをきちんと教えてあげられるか、それを悩んでたんです」でした。うれしくなって、思わずコーヒーをサービスしてしまいました。

【雇用はなるべく入居者から】

自社で採用しているトーコーキッチンのスタッフは、その半数以上が入居者です。入居者が入居者のために働いてくれている構図です。求人はSNSで告知すれば、30分で定員に達するほどです。最近は部屋探しのときにトーコーキッチン体験をしている最中に、「入居するので、引っ越してきたら働かせてください」と、募集前に自ら応募してくれるケースも増えています。始まりは「せっかく新しく生まれた雇用機会。入居者が一緒に働いてくれるのなら、その方がより楽しくなりそう」という単純な思いからでしたが、今では入居者が働いている入居者のための場の存在が、トーコーキッチンと東郊住宅社の信頼性を高めてくれていることを感じます。

【メディアや口コミの反響】

「不動産屋が入居者に100円で朝食を提供する」というインパクトの強さから、ありがたいことに各種メディアに取り上げてもらえるようになり、大きな反響が寄せられています。改めて、マスメディアの持つ影響力の強さを痛感します。

口コミは次第に積み重なっていくものなのでしょう。反響が年々増加の一途です。友人・知人・学校や部活の先輩などから薦められたケースが多く、やはり東郊住宅社を選んだ理由を尋ねると「トーコーキッチン」です。

SNSによる広がりには目を見張るばかりです。特に、全国放送のテレビ番組で紹介されたときにエゴサーチをしてみると、一気に全国津々浦々で広められていく反響におののくほどです。

「食」を媒介にした自社媒体

100円の朝食は出れば出るほど赤字のトーコーキッチン。仮にトーコーキッチンの運営自体で赤字が出てしまった場合でも、これほどまでに効果があるのですから、広告宣伝費だと考えればかなりお値打ちです。トーコーキッチンが「食」を媒介にした自社媒体で、100円朝食が「食べる広告」です。

情報を届けたい対象が今まさに目の前で「おいしい」と言いながら笑顔とともにそれを消費し、機能的価値だけではなく情緒的価値に共鳴した対象が口コミやSNSで自主的に広めてくれ、その反響がしっかりと僕たちの手元に戻ってきます。メディアや口コミで初めてその存在を知った人は、東郊住宅社の入居者を羨ましがってくれます。「管理物件の入居者のみなさんに利便性と健康的な食生活を提供する」という、第一の目的である入居者サービスとしての役割を十分果たしているうえでのこの効果ですから、損得勘定はもはや無粋の域です。

たしかに、100円の朝食は出れば出るほど赤字なのをみんな知っているだろうに、一人で朝食を2人前ずつ食べる腹ぺこ入居者はざらにいて、4人前食べた強者だっていたりします。500円の定食は2種類注文しても1000円ぽっきりだと、ガツンと食べに来る入居者もいたりします。物価も最低賃金も上昇。ワンコイン食堂としては200円玉や700円玉があったら、うれしいご時世なのかもしれません。

でも、考えてみてください。そもそも広告とは反響があるまで赤字です。なので、広告する商品がお客さんに喜ばれるものであるという自信があれば、きっと何も恐れることはないのでしょう。商売をお客さんが応援してくれる喜びを感じられるはずですから。

トーコーキッチンの「不動産屋としての矜持」

王道ど真ん中

東郊住宅社は1994年から「礼金ゼロ・敷金ゼロ」という貸し方を、2004年からは「礼金ゼロ・敷金ゼロ・退室時修繕義務なし」という貸し方をしています。これは、貸すほうも借りるほうも納得のいく公平で透明なシステムにすべきだという、先代である父の考えによるものです。礼金も敷金も退室時の修繕費も、すべて入居者が支払うことに何の疑いもなかった当時にすれば画期的な貸し方に映ったそうですが、父は単に「いただく必要のないお金はいただかない」ことで、不動産屋として至極真っ当な貸し方を実現しただけだったのでしょう。

"食堂 of the 入居者, by the 東郊, for the 入居者"

これはトーコーキッチンの入口脇に掲示しているメッセージです。2015年の運営開始以降、本当に多くの人がトーコーキッチンのことをおもしろがってくれ、そして応援してくれています。ありがたいことに僕たちは、それを日々肌で感じさせてもらっています。この体感は邪道に思われがちなトーコーキッチンという入居者サービスが実は、入居者の側から見てもオーナーの側から見ても、不動産業の本質を捉えていたことを教えてくれています。そう、「礼金ゼロ・敷金ゼロ・退室時修繕義務なし」同様、トーコーキッチンも奇をてらった策ではなく、王道中の王道の一手。王道ど真ん中なのです。

入居者とオーナーの間で

広告屋から不動産屋になった当初、とてもよく聞かれた質問が「不動産の仕事はどう？広告の仕事と全然違うでしょ？」でした。たしかに扱う商品は違うものの、僕は構造的にはとてもよく似た仕事だなと感じていました。

広告業者は、誰かに何かを伝えたいと思う送り手から依頼を受け、伝わってほしい受け手にその内容を正しく伝えることが大事です。その間に入って、両者のコミュニケーションがいかに円滑に実現させられるか、つまりきちんと伝えることができるか、その伝達方法や媒体を考えるのが仕事です。

送り手
↓
広告業者
↓
受け手

それでは、不動産業者の場合はどうでしょう？　誰かに自分の物件に住んでもらいたいと思うオーナーから依頼を受け、住みたいと思う人に正しくつなぐことが大事です。その間に入って、両者の思いがいかに円滑に実現されるか、つまり成約に結び付くか、その手だてを考えるのが不動産業者の仕事です。

オーナー
↓
不動産業者
↓
入居者

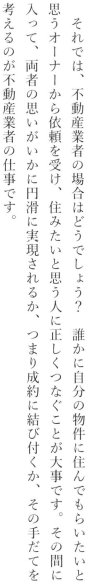

いずれの場合も、間に入った媒介者次第で効果の程が変わってきます。だからこそ、どうやって両者をつなげられるかというところが力量とセンスの問われる腕の見せどころになります。

正しい順番で、みんなが気持ちよく

僕たち東郊住宅社は、賃貸物件の管理サービスと仲介を主な仕事としています。管理サービスの収益は、管理物件のオーナーが得る家賃収入から一定率支払われる管理料です。仲介の収益は、入居者が契約時に部屋探しを手伝った不動産業者に支払う仲介手数料です。

管理サービス収益 ＝ 家賃収入 × 5～10％

仲介収益 ＝ 仲介手数料 × 人数

そのため、僕たち東郊住宅社が部屋探しを手伝った人が管理物件に入居申し込みをしたときに客単価が最大となります。そして、それによって満室が実現したとき、その物件で見込める収益が最大となります。

もちろん、僕たちは媒介者として手だてを考えて実現に向けた努力をしますが、一般的に入居の最終的な決め手は、物件の持つ商品力に依存しがちです。商品である物件はオーナーの所有物なので、僕たち媒介者は商品競争力を上げるための提案をオーナーにします。それを受けたオーナーは、家賃減額・リフォーム・設備更新などの施策を実行して入居者を獲得します。入居者を獲得すること、満室になることは、オーナーも僕たち媒介者もともに求める最良の結果です。オーナーに出費が発生してしまったものの、これでオーナーも僕たちも収益アップです。やったね！

オーナー施策
↓
物件競争力増
↓
入居者獲得
↓
オーナー収益増
↓
東郊収益増

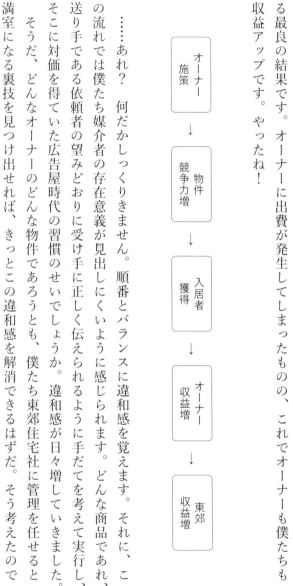

……あれ？　何だかしっくりきません。順番とバランスに違和感を覚えます。それに、この流れでは僕たち媒介者の存在意義が見出しにくいように感じられます。どんな商品であれ、送り手である依頼者の望みどおりに受け手に正しく伝えられるように手だてを考えて実行し、そこに対価を得ていた広告屋時代の習慣のせいでしょうか。違和感が日々増していきました。

そうだ、どんなオーナーのどんな物件であろうとも、僕たち東郊住宅社に管理を任せると満室になる裏技を見つけ出せれば、きっとこの違和感を解消できるはずだ。そう考えたのです。

まずは僕たちが媒介者として存在意義のある手だてを考えて実行してから、そこに対価を得る。順番とバランスを正すのです。やはり、そのほうがしっくりきます。

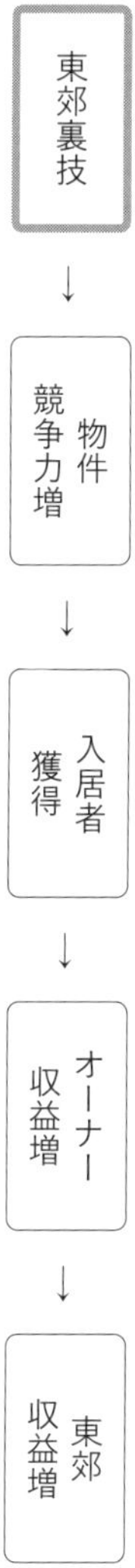

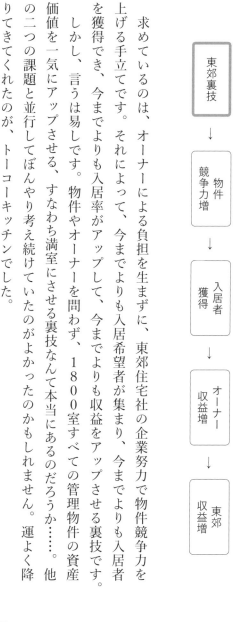

求めているのは、オーナーによる負担を生まずに、東郊住宅社の企業努力で物件競争力を上げる手立てです。それによって、今までよりも入居希望者が集まり、今までよりも入居者を獲得でき、今までよりも入居率がアップして、今までよりも収益をアップさせる裏技です。

しかし、言うは易しです。物件やオーナーを問わず、１８００室すべての管理物件の資産価値を一気にアップさせる、すなわち満室にさせる裏技なんて本当にあるのだろうか……。他の二つの課題と並行してぼんやり考え続けていたのがよかったのかもしれません。運よく降りてきてくれたのが、トーコーキッチンでした。

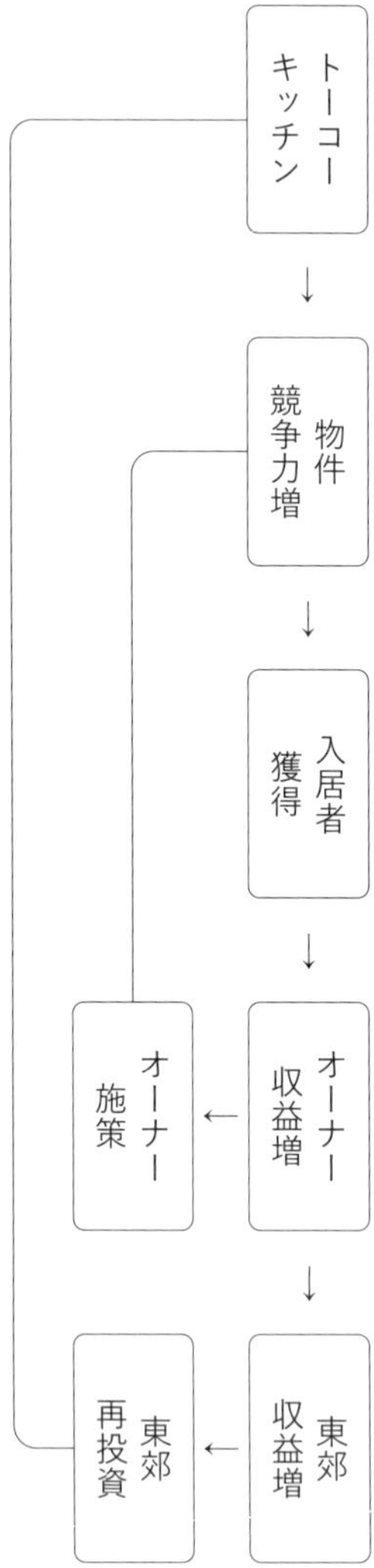

順番とバランスに問題はありません。東郊住宅社としての存在意義にも申し分ありません。何よりしっくりきます。

　トーコーキッチンは入居者サービスなので僕たちは利益を放棄し、出た利益を食材と人件費に再投資しています。みんなが食べれば食べるほど提供される食事がおいしくなり、みんなが食べれば食べるほどスタッフの笑顔が増えます。そして、オーナーは増えた収益でリフォームや設備の追加・更新など入居者がより快適に楽しく暮らすことができるような改修に充てられるようになります。実際、入居者の誕生日にトーコーキッチンのドリンクチケットを贈るオーナーや、契約時の特典としてトーコーキッチンの朝食チケット３６５日分を贈るオーナーが現れています。

　これで、みんなが今までよりも気分よく関係を持ち続けられるようになるはずです。正しい順番でみんなが気持ちよくお金を払えるタイミングが整うことによる好循環が生まれたのです。

　まずは入居者に喜んでもらう。きちんと入居者が喜んでくれるものを提供する。それを求めて入居希望者が集まる。物件はおのずと満室になる。満室になれば、オーナーは当然喜んでくれる。入居者にもより喜んでもらえるよう施策を実行する。そして、その順番の最後。最後の最後に、僕たち東郊住宅社は入居者とオーナーから喜びと結果に応じた対価を得る。

　これが、トーコーキッチンは奇をてらった策ではなく、王道中の王道の一手たるゆえんです。食堂がきっかけなので一見ちょっと変わっているかもしれませんが、実は不動産屋として至極真っ当な貸し方なのです。

トーコーキッチン
↓
入居者喜ぶ
↓
物件満室
↓
オーナー喜ぶ
↓
東郊喜ぶ

不動産業はエンタメ業

先代である父は、賃貸物件管理を生業とする自分たちの仕事のことを、ホテルのような「究極のサービス業」だと常々言っていました。日夜問わず、入居者から寄せられるさまざまな要望に対応してみると、なるほどたしかにその通りです。

しかし、僕はそれだけではなく「エンタメ業」でもあると思っています。なぜなら、不動産業はそこに住む人の暮らしをより楽しくすることに携われる稀有な仕事でもあるからです。

そこで僕は、次のようなことに気を付けてトーコーキッチンという入居者向け食事サービスを組み立て、日々運営しています。

【琴線に触れるサービスを提供する】

エンタメ業としてサービスを提供するからには、琴線に触れるものでなくてはなりません。誰もが心置きなく楽しめて、手放しで喜べるものを提供しなければ、琴線に触れることはできないと思っています。100円の朝食も500円の定食も、毎日当たり前に食べられて、いつ食べても値段以上の価値を体感してもらえるものである必要があります。だからといって、「こんなに安いなんて、実は家賃に転嫁されているんじゃないの?」なんて、無用な心配を抱かせてもいけません。

【無理しない、押し付けない、欲張らない】

期待に応えようとするばかりに無理をしてしまうと、その無理を感じとられて心からサービスを楽しんでもらえなくなってしまいますので、無理はしません。無理なことは無理と伝え、一緒に解決への過程を楽しんでもらうようにしています。

また、ついつい自分たちの企業努力を認めてほしくなってしまいがちですが、押し付けられると心からサービスを楽しんでもらえなくなってしまいますので、押し付けません。そこはグッとこらえて、淡々と日々を積み重ねるようにしています。

そして、これまたついつい「ああだったらいいのにな」「もっとこうしてくれたらいいのにな」と欲張ってしまいがちですが、欲張っているのが伝わると心からサービスを楽しんでもらえなくなってしまいますので、欲張りません。目の前にいる一人ひとりの入居者に誠実に向き合うようにしています。

【受益者目線でサービスを考える】

トーコーキッチン運営開始前に「今度、入居者向けの食堂を始めるんです」と言うと、

「先払いの定額制やサブスクにすべきだよ」とアドバイスを受けることが本当に多くありました。理由は、そのほうが安定した運営が可能になるからです。運営側から考えると、たしかにその通りです。しかし、僕が選択したのは都度払い制です。理由は、そのほうが僕には魅力的に映るからです。

僕自身、明日何が食べたくなるかなんてわかりません。誰かと急に外食に行くことになるかもしれません。苦手なメニューのときは手軽な別の方法で済ませるかもしれません。そんなとき、もし先払い制だったら、食べないときにも料金が発生していることをとても不経済に感じ、そのシステム自体を窮屈で不便なものに感じるだろうと思ったのです。最初は受益者自身も便利で安心と思っていたはずの先払い制がそのままノックアウトファクター、つまりそのサービスから離れる要因になり得るだろうと思ったのです。

トーコーキッチンでいえば、そもそもは僕たちが好きで勝手に始めた入居者サービスです。入居者自身の意思で選べる権利と、たとえトーコーキッチンを利用しなくても損はしない設定は守らなければなりません。

ついついサービスを提供する側になると、「きっとこれくらいは許容範囲だろう」などと、運営側の都合を優先したサービスを組み立ててしまうことはよくあることです。しかし、それはすぐに見透かされてしまいます。「自分がお客さんの立場だったら」と自身の日常を振り返って考えてみれば明白です。反対に、おいしいラーメン店には行列ができます。きちんと手間暇かけられたサービスに出会ったときには、きちんと「よい仕事」として心に留め、そこに対価を払うことに喜びすら覚えているのです。

そうなると、トーコーキッチンがすべきことは明確です。都度払い制であろうが、たくさんの人が毎日食べに来たくなるような食事を提供し続ければよいだけです。それ故、不動産屋の企業努力として、僕たちは今日もメニュー開発にいそしみます。

特許は取らないの？

「トーコーキッチンはビジネスモデル特許を取らないんですか？」と、よく聞かれます。そして、「池田さん、これ絶対に特許取ったほうがよいですよ」と、毎年のように大学新入生のご家族から助言をもらいます。

「真似されちゃいますよ！」ということなので、模倣困難性が低く見えるのでしょう。そのあたりも、トーコーキッチンが「ありそうでなかった」サービスと評されるゆえんなのかもしれません。「ありそうでなかった」は、最も近くにある一番遠いもの。運営開始前になかなか理解してもらえなかったゆえんでもあります。

実際のところ、ただ食堂をやっているだけです。もしおもしろいと思って真似してもらえたら本望だと思っています。それによって、淵野辺以外での賃貸住宅生活がより楽しいものになるならば、不動産屋としては、こんなにもうれしいことはないですから。

積み重ねるコミュニケーションのその先に

トーコーキッチンにはみんな安くておいしい食事を求めてやって来ます。僕たちはそこで目の前にいる一人ひとりの利用者とアナログでざらざらなコミュニケーションを積み重ねます。こうしたコミュニケーションの先に僕が描いているのは、入居者・オーナー・取引関係業者といった全方位フラットな関係です。フラットな関係は自然なコミュニケーションを生み、そのときの淵野辺での暮らしはより楽しいものになるはずです。そして、そのときの僕たち東郊住宅社の不動産屋としての仕事の質はより高いものになっているはずです。

東郊住宅社本社とトーコーキッチンは駅を挟んで徒歩10分の位置にあります。往復で徒歩20分。僕はこの間に何人のトーコーキッチン利用者とあいさつできるかをひそかに自分に課しています。今は全然まだまだなのですが、ゆくゆくはあいさつしすぎで、「30分経ってもトーコーキッチンにたどり着かないよ！」なんてことになるとおもしろいなと思って頑張っています。

Kenta Hasegawa

トーコーキッチンのさらなる進化、これからの展望

トーコーキッチンがつないでくれた縁

ありがたいことに、トーコーキッチンは運営開始以降、100を超えるメディアで紹介いただきました。また、見学・視察も多く、特に最初の5年くらいは毎週1～2組の訪問があったほどでした。

マスコミ取材はテレビ、ラジオ、新聞、雑誌、WEBなど多岐にわたっています。見学・視察は行政、自治体、教育機関、鉄道事業者、企業、団体、個人など、こちらも多岐にわたっています。日本各地のみならず、海外からの訪問もありました。業界最大手の不動産デベロッパー会社役員の奥様団体が「宅の主人がちょっと見てこいと申しましたので……」と、ドアをガチャガチャしながら突然見学に来たこともありました。

こうしたトーコーキッチンの広告宣伝効果は、直接的な業績に現れただけではなく、新し

くつながった数々の縁にも現れています。トーコーキッチンを始めたからこそつないでもらえた貴重な縁ばかりで、僕たち東郊住宅社の財産となっています。

差別化といいながらも、結局は失敗を恐れてついついハードルの低い手段を選択したが故に、気が付けば「差別化という名の同一化」に陥りがちなものですが、今、つないでもらった縁を一つひとつ振り返ってみて改めて心から思います。踏ん張って挑戦してよかったと。

得たいのは「東郊住宅社ファン」

トーコーキッチンがつないでくれた新たな縁の中には、東郊住宅社に物件の管理を委託してくれた新しいオーナーも含まれています。運営開始以前の管理物件数は1600室でしたが、今では1800室になりました。お察しの通り、微増です。

実は、管理物件数の上限と物件の立地範囲をある程度限らせてもらっています。物件数の上限は2000室、物件の立地は東郊住宅社から車で20~30分、5~10km圏内までが限界かなと考えています。これはひとえに僕の能力のなさによるもので申し訳ないのですが、物件が多すぎたり、遠すぎたりすると、提供できるサービスの質を保てなくなってしまうからです。多すぎれば力が分散して薄まってしまいますし、遠すぎれば入居者に何かあったときにすぐに駆けつけてあげられませんから。

その代わり、その限度内での質を高め続けていきたいと強く思っています。追求するのは、奇をてらったような「新しい管理会社の在り方」ではなく、どこまでも「東郊住宅社の管理姿勢の具現化」です。そして、得たいのは「管理物件数、地域一番店!」ではなく、どこまでも「より多くの東郊住宅社ファン」です。

a+b+c=トーコーキッチン

見学や視察に訪れた人からよく聞こえてくるのが、「あぁ、こりゃ、ウチではトーコーキッチンできないな~」という声です。たしかに、今、目の前に現存しているトーコーキッチンの構成要素を分析してみると、「トーコーキッチン=a+b+c」となり、その一つでも要素が欠けていると再現できないように感じるのかもしれません。しかし、僕が行ったのは「トーコーキッチン=a+b+c」という動きではなく、「a+b+c=トーコーキッチン」という組み立てです。入居者に食事を提供するサービスであるトーコーキッチンが最初にあったのではなく、僕たちが直面する問題を解決する策を手持ちの札から導き出した答えが、たまたま今の形のトーコーキッチンだったのです。もし、手持ちの札がx、y、zだったなら、僕の描くトーコーキッチンは違う形のものになったはずです。

x＋y＋z＝ゴーヨーキーキー

その実例ともいえるのが、2020年9月からスタートした入居者サービス、ゴーヨーキーキーです。僕たち東郊住宅社が提供する100円から頼める家事代行サービスで、管理物件入居者は5分100円から気軽に利用してもらえます。電球を交換したり、買い物を代行したり、パソコンの手伝いをしたり、一緒に掃除したり、粗大ゴミを搬出したり、草むしりしたり、虫を退治したり、ときには話し相手にもなったり。

家族や知人に頼むにはちょっと遠慮してしまう。だからといって、専門業者に頼むにはちょっと大仰。誰かがほんのちょっとだけ手助けしてくれたらうれしいのに……と思うことは、老若男女問わず、日常のさまざまな場面であるものです。

そんなとき、遠慮も必要なく、大仰さもなく、程よく気軽にお願い事ができる「身近な他人」として、僕たち東郊住宅社のことを思い出してもらい、まずは相談してもらえたらうれしいなと思って始めました。特に、高齢の入居者や幼子のいる家庭など、ほんのちょっと手が必要なときに気兼ねなく利用してもらえたら不動産屋冥利に尽きると思っています。

トーコーキッチン同様、基本は管理物件入居者、オーナー、協力関係業者のみなさんが利用対象となる入居者向けのサービスです。そう、こちらも「入居者専用」ではなく、「入居者向け」なのです。トーコーキッチンに特例があるように、ゴーヨーキーキーにも特例があり、利用対象者である管理物件入居者、オーナー、協力関係業者のみなさんからの紹介があれば、誰でもゴーヨーキーキーのサービスを利用してもらえるというものです。トーコーキッチンが掲げる理想のあいさつは「髪切った？」ですが、ゴーヨーキーキーが描く世界観は「友だちの友だちはみな友だちだ」です。

トーコーキッチンの場合は街にある一つの食堂に1800室3000人が集まってきますが、ゴーヨーキーキーの場合は1800室3000人のところに僕たちが赴くことになります。つまり、僕たちがみんなの居場所に飛び込んでいくのです。ゴーヨーキーキーはトーコーキッチンと同じスキームで、真逆のベクトルで仕立ててみました。

発生する依頼は週1件程度ですが、トーコーキッチン同様、不動産屋と入居者という定型の関係を超えて発生する「普段着のコミュニケーション」は、入居者のいつもとは違う表情を見せてくれます。トーコーキッチンは住居の共有空間的位置づけでしょうから、やはり自室は特別です。入居者の日常生活空間に招き入れてもらって、暮らしぶりをうかがいながらコミュニケーションが図れるのはとても貴重な機会です。

主な利用者は、当初想定していた高齢の入居者や幼子のいる家庭だけではなく、予想外に学生からも同じくらい多くの依頼が寄せられています。オーナーからも協力関係業者からも依頼があります。活用方法は、困ったときに都度電話で依頼をしてくれるケースだけではなく、月に一度の定期的な訪問日をあらかじめ決めているケースや、お気に入りスタッフがいるときにだけ依頼するケースなどさまざまです。

先日はこんなことがありました。

「あら、おはようございます。あっ、そういえば、ちょっと手を貸してほしいことがあるのよ～」

朝ごはんの時間帯にトーコーキッチンに行った際に、高齢の単身入居者からゴーヨーキーキーの依頼を受けました。彼女は前日に届いた家具が予想外に組み立て式だったため、一人ではどうにもできずに困っているとのことでした。改まった依頼も当然うれしいのですが、朝のあいさつがてらの依頼は格別にうれしいです。

実は彼女、携帯電話の電波も危うい地方で単身生活を長くしていたのですが、心配になった娘さんが自分たちの近くにいてほしいと、淵野辺に呼び寄せたのです。テレビでトーコーキッチンを知ったのがきっかけでした。トーコーキッチンまで徒歩10分のマンションを新たな生活拠点とし、毎朝必ず歩いてトーコーキッチンに朝ごはんを食べに来てくれています。

淵野辺構想三部作

トーコーキッチン運営開始直後から「次はどんなサービスを展開するんですか？」と、よく質問を受けます。もちろんトーコーキッチンのさらなる改善も考えているのですが、実はそもそも東郊住宅社の新しい柱として練っていた構想は三つあり、トーコーキッチンが二つ目、ゴーヨーキーキーが三つ目でした。

そんなこともあってトーコーキッチンの運営開始以前からゴーヨーキーキーの構想はすでにあったのですが、当初はトーコーキッチンのごはんをデリバリーするときに併せて重たいものなど何か一緒に買い物をしていってあげたりとか、デリバリーで訪問した際に人の手が必要な作業を一緒にやってあげたりとか、デリバリーのタイミングで入居者の生活の手伝いを承ることを想定していました。昔でいうところの「御用聞き」のような感じでしょうか。しかし、トーコーキッチンのデリバリーサービスの準備をなかなか整えることができず、先行してゴーヨーキーキーを開始することにしました。

今、トーコーキッチンではデリバリーサービス開始に向けて準備をしています。ただ、いきなり3000人の入居者に向けてデリバリーをするのは難しいので、まずは70歳以上の入居者、小学生以下の子を持つ家庭、身体に不自由がある入居者といった、来店がままならない入居者への提供に限らせてもらおうと思っています。ゴーヨーキーキーと連動することによる相乗効果が楽しみです。

人と場所を情緒的につなげるドアノブ

トーコーキッチンのドアがガチャガチャされるのはノブが付いているからです。ノブも何もない、ただの板のような状態だったなら、どうやって開ければよいのかがすぐにわかりませんし、そもそもその板は開けられるものなのかどうか、それすらわからないかもしれません。ノブの存在が、そこは開けられるところだと認識させて、ドアを開ける行為を誘導しているのです（こうした概念のことをアフォーダンスといいます）。

故郷を思うと心が落ち着く。旅先から帰ると「やっぱ家が一番」と思ってしまう。それらは場所への愛、愛着です。場所との情緒的な結び付きです（こうした概念のことをトポフィリアといいます）。

僕たち東郊住宅社は小さなまちの小さな不動産屋です。これからもともに小さいままでしょう。しかし、入居者と淵野辺の情緒的なつながりを醸成し、ここでの暮らしをより楽しいものにするノブであり続けられるよう頑張ろうと思っています。

ところで、東郊住宅社の新しい柱として練っていた三つの構想。実は、やむを得ず二つ目のトーコーキッチンから着手することになった経緯があります。当然、一つ目の構想がトップを飾るはずだったのですが、実行するにはあまりに突飛すぎるため自重して延期することにしたのです。

でも、それはまた別のお話。

朝ごはん
100円
今日の定食
骨付きローストチキン
500円
副菜二品
豚汁
ご飯 白米 雑穀米
今週のセット
Aセット 鮭の塩焼き
Bセット ガパオライス
日替り定食 骨付きローストチキン
Bセット ガパオライス
Aセット 鮭の塩焼き
提供・日刊現代

未来へ

いかがでしたか？　日本一「味どう？」と聞いている不動産屋の話は楽しんでいただけましたか？　不動産屋が入居者に向けた食堂を運営するのは至極まっとうな気がしてきていませんか？

当初は突飛に思われた「不動産屋が運営する入居者向け食堂」は、次第に「ありそうでなかった」と思って受け入れてもらえるようになり、さらに「トーコーキッチンがあるから淵野辺に住む」と言ってもらえるようになり、そして今回、出版の機会を与えていただけることになりました。

今回、僕が語り部としてお伝えしたトーコーキッチンを舞台にした物語。これらは、ごくごくほんの一部です。入居者、オーナー、協力関係業者をはじめとしたトーコーキッチンにかかわる（僕以外の）すべての人が主人公であるこの物語は、これから先も繰り広げられ続けるのでしょう。そして、トーコーキッチンは物語の主人公たちの日常の舞台として、これから先もきっと在り続けるのでしょう。

他人事のようにそう思うのは、僕自身がトーコーキッチンの「終わり」を想像できていないからかもしれません。これは、「日本一『味どう？』と聞いている不動産屋の座は絶対に譲らないぞ！」という気概からではなく、トーコーキッチンを始めたことによって初めて見えたその先の世界が、あまりにも広く、どこまでも果てしなく続いていたからです。不動産屋としてできることがまだまだある。入居者のみなさんに喜んでもらえることがまだまだある。そう気が付いたのです。

今、トーコーキッチンではゴーヨーキーキーと連携させた宅食サービス「トーコーデリバリー」の開始に向けて少しずつ準備をしています。まずは、70歳以上の入居者、小学生以下の子どもがいる入居者、体に不自由がある入居者に限定して始めてみようと思っています。

十年一昔。10年前はまだトーコーキッチンすら誕生していませんでした。父が創業した東郊住宅社は3年後に50周年を迎えさせていただきます。10年あればこれだけの変化が起こり得ますが、50年という月日で父が積み重ねた信頼と実績を擁しているからこそ初めて成し得る変化なのだと、トーコーキッチンを運営していて痛感しない日はありません。

トーコーナーサリー、トーコーレシピ、トーコーエフエム、テレビトーコー、トーコーハンズ、トーコーブックス、トーコーフィット、トーコーシネマズ、エフシートーコー、トーコードーム、トーコーキュウビン、トーコーソーコ、トーコーコーカン、トーコーガレージ、トーコー・ザ・ワールド、トーコー・オン・ザ・プラネットトーコーキッチンのその先にある妄想、いや、構想が尽きません。東郊住宅社を根に、トーコーキッチンを幹に、枝葉のように広がっています。これらは僕のアイディア帳に記されているものです。トーコーキッチン着想以降、運営開始以前となる２０１５年２月の日付が添えられています。

これからも一朝一夕ではできない、一足飛びにはできない仕事を丁寧に積み重ねていきたいと、今日の夕日に誓い、明日の朝日を迎えます。

引き継いだすべての上に今があり、未来は僕らの手の中にあるのですから。

２０２３年10月

池田　峰

池田 峰（いけだ みね）

1973年生まれ。有限会社東郊住宅社代表取締役。アメリカの州立大学を卒業後、帰国してグラフィックデザイナーとして就職。その後、広告代理店勤務、ニュージーランド移住などを経て、2012年に家業である不動産会社、東郊住宅社に入社。2017年二代目代表取締役に就任。幼いころのぬり絵は間取り図。

東郊住宅社（とうこうじゅうたくしゃ）

1976年創業。JR横浜線淵野辺駅を中心に1800室の賃貸物件を管理。「礼金ゼロ・敷金ゼロ・退室時修繕義務なし」の貸し方をはじめ、入居者サービスを徹底追求。

トーコーキッチンへようこそ!

日本一「味どう?」と聞いている不動産屋の話

2023年10月5日　第1刷発行

著者　池田 峰

デザイン　菅家 恵美

発行者　中島 伸
発行所　株式会社 虹有社（こうゆうしゃ）
〒112-0011 東京都文京区千石4-24-2-603
電話 03-3944-0230
FAX. 03-3944-0231
info@kohyusha.co.jp
https://www.kohyusha.co.jp/

印刷・製本　モリモト印刷株式会社
画像提供：PIXTA

©Mine Ikeda
2023 Printed in Japan
ISBN978-4-7709-0078-4
乱丁・落丁本はお取り替え致します。